中小企業が"イキイキ"輝く!

女性活躍推進法
一般事業主行動計画
課題別
策定ガイド

ヒューマンテック経営研究所
特定社会保険労務士　キャリアコンサルタント

島 麻衣子 著

第一法規

はしがき

　2016年4月1日の女性活躍推進法の施行から約4年が経過しました。この間、中小企業を中心とした多くの企業の一般事業主行動計画の策定に関わってきましたが、状況把握と課題分析を前提とした行動計画策定に「難しい」、「どんな目標を立てたらよいかわからない」と戸惑う経営者様や実務担当者様の声を聞くことが少なからずありました。

　このたび女性活躍推進法等の改正法が成立し、2022年4月1日以降、101人以上300人以下の企業にも行動計画の策定が義務付けられることになりました。改正法施行後は、該当する規模の中小企業は必ず自社の行動計画を策定しなければなりません。

　そこで、本書は改正法施行を見据えて、中小企業が自力で一般事業主行動計画を策定できることを目的として、第1章では基礎編として今回の改正を含めた法律の概要を解説し、第2章では実務編として、企業のタイプ診断を行った上で、行動計画に定める数値目標や取り組みについてタイプ別にガイドしていきます。第1章、第2章と本書に沿ってデータの把握等をしていくことで一般事業主行動計画を策定できるように構成しました。第3章では一般事業主の行動計画策定事例を掲載しています。全体として中小企業の実務を念頭に置いた内容ですが、大企業の行動計画策定にも対応しています。

　少子高齢化が急速に進む日本では、女性活躍推進は福利厚生ではなく、企業の人材戦略です。法改正対応ということだけではなく、自社のイキイキと輝く未来のために女性活躍を進めていきましょう。

2020年2月
ヒューマンテック経営研究所
特定社会保険労務士　キャリアコンサルタント　島　麻衣子

▶Contents

はしがき ……………………………………………………………………… iii

序章　女性活躍のメリット

1▶ 今、なぜ女性活躍なのか ……………………………………… 2

2▶ 将来的に深刻な労働力不足の時代が訪れる ……………… 4

3▶ 女性の力が十分に発揮されていない日本 ………………… 6

4▶ 管理職に占める女性労働者の割合は
　　国際的にも最低水準 ……………………………………………… 9

5▶ 女性活躍が企業経営の鍵に …………………………………… 10

6▶ 知名度アップで応募者殺到の例も ………………………… 11

7▶ 中小企業こそ女性活躍推進を ……………………………… 12

第1章　基礎編

1▶ 企業には何が義務付けられている？ …………………… 14

（1）女性活躍推進法の概要 ……………………………… 14

（2）一般事業主行動計画の策定・届出 ……………… 14

（Ⅰ）状況把握・課題分析 …………………………… 16

（Ⅱ）行動計画の策定 ………………………………… 17

（Ⅲ）社内周知・公表・届出 ……………………… 18

（3）情報公表 ··· 26
（I）情報公表の項目 ·································· 26
（II）情報公表の方法 ·································· 27

2 法改正で何が変わる？ ································· 28

（1）行動計画の策定等を101人以上の企業に拡大 ········· 30
（2）状況把握の項目の見直し ························· 30
（3）数値目標の拡大 ································· 31
（4）情報公表項目の拡大 ····························· 32
（5）新たに特例認定制度（プラチナえるぼし）を創設 ······· 35
（6）えるぼし認定基準の見直し ························· 35
（7）企業名公表 ··································· 37

第2章 実 務 編

1 女性活躍推進5つのポイント ························· 40

（1）女性活躍推進5つのポイントとは ··················· 41
（2）Point 1：意識改革 ····························· 41
（I）女性の意識改革 ································· 41
（II）女性の意識改革の取り組み ······················ 43
（III）男性管理職の意識改革 ························· 43
（IV）性別役割分担意識 ···························· 43
（V）管理職の意識改革のための取り組み ················· 45

（3）Point 2：女性のキャリアアップ ………………………… 46
　（Ⅰ）キャリアアップのための教育訓練 ……………………… 46
　（Ⅱ）管理職の行動 …………………………………………… 47
（4）Point 3：働き方改革 …………………………………… 50
　（Ⅰ）女性の継続就業等への影響 …………………………… 51
　（Ⅱ）男性の長時間労働の影響 ……………………………… 52
　（Ⅲ）残業時間の削減策 ……………………………………… 54
　（Ⅳ）柔軟な働き方 …………………………………………… 54
　（Ⅴ）フレックスタイム制 …………………………………… 55
　（Ⅵ）在宅勤務制度 …………………………………………… 56
（5）Point 4：両立支援 ……………………………………… 59
　（Ⅰ）法律に定めのある制度 ………………………………… 60
　（Ⅱ）育児・介護休業法に定める努力義務 ………………… 63
　（Ⅲ）その他の制度 …………………………………………… 65
　（Ⅳ）マミートラックに注意 ………………………………… 65
（6）Point 5：人事制度 ……………………………………… 66
　（Ⅰ）採用 ……………………………………………………… 66
　（Ⅱ）配置 ……………………………………………………… 67
　（Ⅲ）評価 ……………………………………………………… 69

2 ▶ 行動計画策定のステップ ……………………………………… 72

（1）Step 1：自社の課題の分析〜タイプ別診断〜 ………… 72
　（Ⅰ）自社を知ろう …………………………………………… 72
　　（ⅰ）基礎4項目を把握する ……………………………… 74

　　a　採用した労働者に占める女性労働者の割合 ············ 74

　　b　男女の平均継続勤務年数の差異 ················· 75

　　c　労働者の各月ごとの平均残業時間数等の
　　　　労働時間の状況 ························ 77

　　d　管理職に占める女性労働者の割合 ············ 79

　　e　取り扱いに迷うケース ····················· 81

　　f　自社の4項目を把握しよう ················· 82

　（ⅱ）データから自社の課題を知ろう ··············· 84

　　a　目安の値と比較する ····················· 84

　　b　課題分析をする ························ 84

　（ⅲ）選択項目について ····················· 85

（Ⅱ）タイプ別診断 ························ 88

（ⅰ）自社の課題を知る ····················· 89

（ⅱ）タイプ別診断 ························ 92

（2）Step 2：行動計画の策定〜タイプ別取り組み方法〜 ··· 96

（Ⅰ）行動計画の要件 ····················· 96

（Ⅱ）行動計画を策定しよう ················· 100

（Ⅲ）計画期間を定めよう ··················· 117

（Ⅳ）計画書を作成しよう ··················· 117

（3）Step 3：社内周知・公表・届出 ············ 119

（Ⅰ）社内周知の方法は？ ··················· 119

（Ⅱ）社内周知は社員だけでよい？ ············· 119

（Ⅲ）外部への公表方法は？ ················· 119

（Ⅳ）都道府県労働局への届出 ……………………………… 119

3▶情報公表のステップ …………………………………………… 126

（1）Step 1：情報公表項目の把握 …………………………… 127
（Ⅰ）情報公表項目を確認しよう ……………………………… 127
（Ⅱ）情報公表項目を把握しよう ……………………………… 127
（2）Step 2：情報公表をする ………………………………… 129
（Ⅰ）情報公表の方法 …………………………………………… 129
（Ⅱ）情報公表の頻度 …………………………………………… 130
（3）Step 3：PDCAを回す …………………………………… 130
（Ⅰ）情報公表をPDCAのきっかけにする ………………… 130
（Ⅱ）PDCAにより行動計画を実のあるものに ……………… 131

4▶認定の取得について ………………………………………… 132

（1）えるぼし認定 ……………………………………………… 132
（2）プラチナえるぼし認定 …………………………………… 150

第3章 事例編

行動計画策定事例1：N社の例 ……………………………… 154

行動計画策定事例2：E社の例 ……………………………… 162

行動計画策定事例3：K社の例 ……………………………… 170

行動計画策定事例4：S社の例 ……………………………… 178

行動計画策定事例5：G社の例 ……………………………… 186

行動計画策定事例6：F社の例 ……………………………… 194

ダウンロード機能　DL↓

本書では、掲載しているチェックリストや各種様式のうち、DLマークが挿入されているものについて、ダウンロードサービスをご用意しております。下記URLからダウンロードの上、ぜひ実務でご活用ください。

URL：http://www.d1-book.com/
PW：「第3章　事例編」の「行動計画策定事例1：N社の例」のページ数を半角3桁で入力してください。

※ダウンロードは、2023年4月31日までとなります。
※P90の「タイプ分類チェックリスト」については、著者に著作権があるため、商用目的での使用はご遠慮ください。

序　章

女性活躍のメリット

▶1 今、なぜ女性活躍なのか

　この本を手に取られる方にとって、女性活躍推進はどういう意味を持つでしょうか。「女性活躍推進法（女性の職業生活における活躍の推進に関する法律）」によって企業に定められた義務を果たすため、と答える方もいらっしゃるかもしれません。それはとても大事なことですが、女性活躍推進がもたらすものはそれだけではありません。

　近年、「募集をしても人が来ない」、「採用してもすぐに退職してしまう」という経営者様や人事労務担当者様の悩みを聞くことが多くなりました。実は、各種データにおいてもその傾向ははっきりしています。2018年平均の有効求人倍率は、前年を0.11ポイント上回る1.61倍となり、バブル期の1.4倍を大きく超える高水準となりました。有効求人倍率は、2010年から上昇し続けています（図表1参照）。

（図表1）有効求人倍率の推移

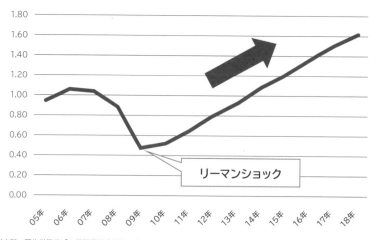

資料出所：厚生労働省「一般職業紹介状況」より

　また、新卒採用についてみると、大卒求人倍率（※）が2018年卒は1.78倍、2019年卒は1.88倍、2020年卒は1.83倍と、ここ数年慢性的な「売り手市場」が続いています。

　さらに労働経済動向調査（2019年11月）では、仕事があるにもかかわらずその仕事に従事する人がいない（欠員）状態を補充するために行っている求人（未充足求人）がある事業所の割合は、調査産業計で53％であり、特に「医療、福祉」（71％）、「運輸業、郵便業」（64％）、「宿泊業、飲食サービス業」（62％）、「サービス業」（61％）については割合が高く、まさに採用難の時代といえます。この状況は今後、さらに厳しくなる可能性があります。

※リクルートワークス研究所「大卒求人倍率調査」より

2 将来的に深刻な労働力不足の時代が訪れる

　日本は現在深刻な採用難の時代を迎えていますが、この状況は今後さらに厳しくなる可能性があります。

　図表2は、日本の人口推移を年齢による3区分（14歳以下、15歳〜64歳、65歳以上）別に表したもので、2017年までは実績値、2018年以降は推計値で表しています。この表で注目すべきポイントは3つあります。

　ポイントの1つ目は、「生産年齢人口」といわれる生産活動の中核となる労働力人口です。2017年に約6割であった生産年齢人口は、2065年には5割程度まで減少するという推計結果がでています。

　ポイントの2つ目は、高齢化です。全体の人口は減少を続ける一方、65歳以上人口割合は増え続け、2065年には高齢化率は約4割程度に達します。

　ポイントの3つ目は14歳以下の人口です。14歳以下の人口は1980年以降減少を続け、2015年には12.6％にまで低下しました。これは諸外国の中でも最低水準です。今後もこの割合が増加する見込みはなく、2065年には10.2％まで低下するという推計がでています。この14歳以下人口は10年後の「新卒」です。つまり、14歳以下の人口が極端に減少している現状では、近い将来若い労働力が現状よりさらに不足することが予想されます。

（図表２）日本の人口推移

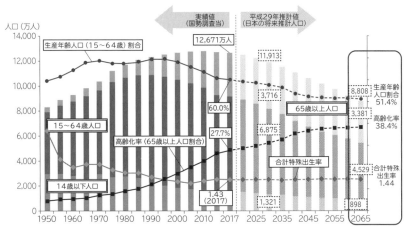

（備考）2017年までの人口は総務省「人口推計」（各年10月1日現在）、高齢化率および生産年齢人口割合は2015年まで
　　　　は総務省「国勢調査」、2017年は総務省「人口推計」、2017年までの合計特殊出生率は厚生労働省「人口動
　　　　態統計」、2018年以降は国立社会保障・人口問題研究所「日本の将来推計人口（平成29年推計）：出生中位・死
　　　　亡中位推計」
　　　　2017年は概数である。
　　　資料出所：平成30年版厚生労働白書　資料編

　　これまでみてきたとおり、少子高齢化が急速に進む日本では、将来
的に深刻な労働力不足の時代が訪れることが予想されています。今ま
でのように新卒中心に採用し、退職したらまた若い人を採用するとい
うこと自体が難しくなる時代がやってくるのです。

3 女性の力が十分に発揮されていない日本

　将来的に深刻な労働力不足が叫ばれる一方で、活かされていない労働力もあります。図表３は女性の労働力率を年齢別に折れ線グラフで表したものです。図表でわかるとおり、労働力率のみを現した折れ線グラフをみると、出産や子育て期にあたることが多い30代前半から40代前半にかけて大きく落ち込むため、全体としてアルファベットの「M」のような形になっています。これを一般的に「M字カーブ」といいます。これに対して、働くことを希望しているが、求職していない「就業希望者」を加えたグラフでは、M字カーブはほとんどみられません。この就業希望者は237万人にも上ります。これらの就業希望者が就職していない理由は、「出産・育児のため」が約32％、「介護・看護のため」が約７％で、この２つで全体の４割を占めます。つまり、労働力不足の時代にもかかわらず、多くの女性が家庭の事情等により働いていないという現状があります。

（図表３）女性の労働力率と就業希望者の内訳

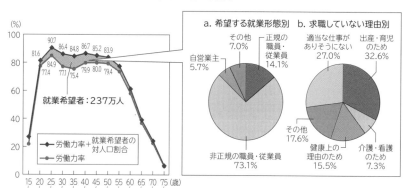

（備考）
1. 総務省「労働力調査（詳細集計）」（平成30年）より作成。
2. 労働力率＋就業希望者の対人口割合は、（「労働力人口」＋「就業希望者」）／「15歳以上人口」×100。
3. 「自営業主」には「内職者」を含む。
4. 割合は、希望する就業形態別内訳及び休職していない理由別内訳の合計に占める割合を示す。

資料出所：男女共同参画白書　令和元年版「女性の就業希望者の内訳」

　それでは、働いている女性はどのような形態で雇用されているので
しょうか。

　図表４は、15歳以上の女性の就業率を、年齢階級別・就業形態別
に表したものです。点線で囲ってある箇所は、女性の就業率がピーク
となる25歳〜29歳です。この年齢階級は正規労働者として働く割
合が5割以上と最も高い時期でもあります。その後、就業率は出産・
育児などを背景に30代で落ち込み、40代になるとまた上昇しますが、
25〜29歳の時期と比べて正規労働者が３割程度に減少する一方で、
パートタイマー・アルバイトや契約社員、派遣社員等も含めたいわゆ
る「非正規雇用」の割合は４割にも達します。これは一度出産・育児
等で離職した人が、パートタイマー・アルバイト等の非正規雇用で再
就職しているという実態があるためと考えられます。

年齢層全体の中での割合をみても、女性の役員を除く雇用者2589万人のうち、正規雇用の職員・従業員は1138万人と約44％であるのに対し、非正規の職員・従業員は1451万人と56％です。つまり、家庭の事情等で半数を超える女性が非正規の職員・従業員として働いていることになります。

　現在の日本は、将来的な労働力不足が見込まれ採用難・人材難の時代であるにもかかわらず、女性の出産・育児期に労働力率が低下したり、その後回復しても半数超が非正規の職員・従業員であるなど、女性の力を活かしきれていないといえるでしょう。

（図表４）女性の年齢階級別就業形態の内訳

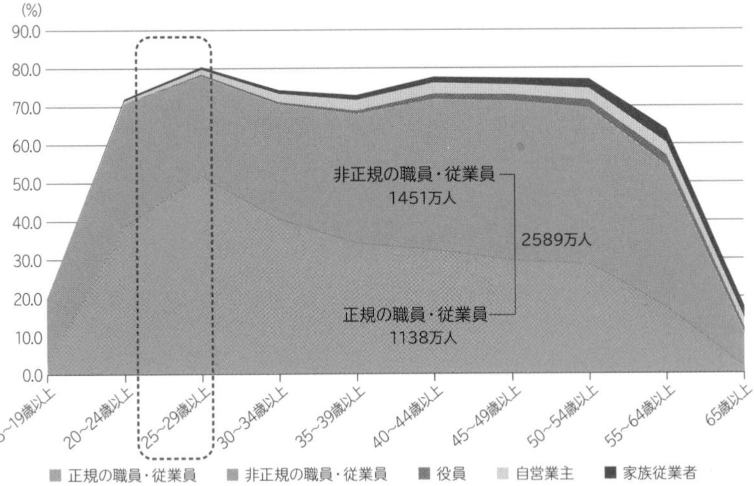

資料出所：総務省労働力調査（2013年平均）基本集計

4 管理職に占める女性労働者の割合は国際的にも最低水準

　女性の能力が活かされていない現実はもう一つあります。それは、女性の管理職が少ないことです。図表5は全体の就業者および管理的職業従事者（いわゆる管理職）に占める女性の割合を比較したものです。日本の就業者に占める女性の割合は44.2％と、諸外国と大きくは変わりません。ところが、管理職に占める女性の割合は、14.9％と諸外国と比べて著しく低い水準となっています。管理職に占める女性の割合は近年少しずつ上昇してきてはいますが、それでも国際的に非常に低い水準であることがわかります。

（図表5）就業者および管理的職業従事者に占める女性の割合

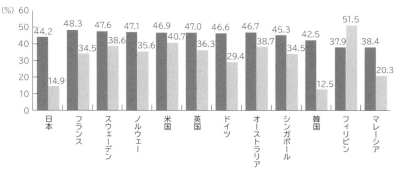

（備考）　1．総務省「労働力調査（基本集計）」（平成30年）、その他の国は"ILOSTAT"より作成。
　　　　　2．日本、フランス、スウェーデン、ノルウェー、米国、英国及びドイツは平成30（2018）、オーストラリア、シンガポール、韓国及びフィリピンは平成29（2017）年の値、マレーシアは平成28（2016）年の値。
　　　　　3．総務省「労働力調査」では、「管理的職業従事者」とは、就業者のうち、会社役員、企業の課長相当職以上、管理的公務員等。また、「管理的職業従事者」の定義は国によって異なる。
資料出所：男女共同参画白書（令和元年版）

5　女性活躍が企業経営の鍵に

これまでみてきた状況をまとめると、次のとおりです。

・将来的に深刻な労働力不足の時代が訪れる
・就業希望者は237万人。就業を希望する多くの女性が働けていない
・女性の半数が非正規雇用の職員・従業員であるなど、女性の力が十分に発揮できていない
・管理職に占める女性労働者の割合は国際的にも最低水準

　企業では、いくら仕事や資金があっても、それを動かす「人」がいなければ成り立ちません。将来的な人材不足は今後の企業運営にとって非常に大きなリスクとなります。この問題に対応するには、企業は女性や高齢者、障害者など多様な人材を今まで以上に中心的な役割を担う存在として雇用していく必要があります。その中でも特に今企業が注目すべきは、「女性」です。一般的に、企業には一定割合の女性が雇用されていますが、結婚や出産・育児で退職してしまったり、管理職として働く女性が極端に少なかったりする場合が多く、男性と同等のキャリアを積んでいる女性は非常に少ない実態があります。その一方で、育児のため短時間勤務など限られた時間で働く女性の仕事の効率の良さを評価する管理職の声が多く聞かれるのも事実です。企業はこのような潜在化している女性の能力をさらに引き出し、活躍の道を開くことで、将来的な人材不足への備えとすることが可能となります。女性活躍推進は福利厚生ではなく「企業戦略」なのです。

▶6　知名度アップで応募者殺到の例も

　実際に女性活躍推進に取り組んだ成功例について、経済産業省「新・ダイバーシティ経営企業100選」受賞企業や、厚生労働省の女性活躍推進の好事例集よりみてみましょう。

　従業員220名（平成24年度受賞当時）の三州製菓株式会社では、リーダーシップのあるパートを積極的に正社員登用、皆が複数業務を担当し応援体制を組む「一人三役制度」等の導入により、育児・介護による離職を防ぎ、あわせて残業も減少するといった効果がでています。また、各種表彰により知名度が上昇し、最近では2名の募集に対し、700名を超える応募があり、男女問わず優秀な人材が確保できるようになったとのことです。

　従業員70名（平成25年度受賞当時）の有限会社COCO-LOは、介護事業を営んでいます。会社設立当初、求人をしても応募がなく、採用が困難であったといいます。しかし、子育て等の多様なライフスタイルに応じた勤務時間を採用し、働きやすい環境をつくるとともに、管理職立候補制度等で社内活性化を図る等の取り組みをした結果、子供がいる女性も働きやすいと評判がたち、潜在化していた有資格者の雇用に成功したとのことです。

　このように、女性活躍推進に取り組むことによって、募集・採用や従業員の定着等において様々な効果が得られる可能性があります。

7 中小企業こそ女性活躍推進を

　女性活躍推進に関しては、2016年4月1日に「女性活躍推進法」が施行され、300人を超える企業に対して自社で女性が活躍していくための行動計画の策定・届出が義務付けられました。この法律の施行は、急速な少子高齢化と労働力人口減少により、女性の就労と活躍を促さなければ将来の日本経済に大きな影響があるという国の危機感のあらわれでもあります。一方で同法では、常時300人以下の企業については、行動計画の策定・届出を努力義務としており、必ずしも行動計画を策定しなければならないわけではありませんでした。この行動計画策定が義務付けられる企業の範囲は、法改正により「301人以上」から「101人以上」に拡大されることが決まっています（第1章2（1）参照）。しかし、成功事例でみたとおり、人材確保において、知名度等で大企業に比べて不利な中小企業こそ女性活躍推進に取り組むべきであり、また取り組む効果が高いといえます。

　女性が働きやすい会社は間違いなく男性も働きやすい会社です。これからの人材難の時代に備え、ダイバーシティ（※）を進め、皆がイキイキと働きやすい職場をつくることこそが女性活躍の本質といえるでしょう。

※年齢、性別、国籍、価値観などの多様性を受け入れ、広く人材を活用していくこと。

第 1 章

基礎編

▶ 1 企業には何が義務付けられている?

(1) 女性活躍推進法の概要

　企業の女性活躍推進は「女性活躍推進法」（女性の職業生活における活躍の推進に関する法律）に基づき進めます。まずは同法の概要をみてみましょう。「女性活躍推進法」とは、女性の活躍の推進についてその基本原則を定めるとともに、国、地方公共団体、企業に対して女性が活躍するために実施すべき事項を定めた法律であり、2016（平成28）年4月1日から2026（令和8）年3月31日まで10年間の時限立法です。

　同法において企業に義務付けられているのは「一般事業主行動計画の策定・届出」と「情報公表」です。

(2) 一般事業主行動計画の策定・届出

　常時雇用する労働者の数が301人以上の企業（国および地方公共団体以外の事業主）は、自社の女性の活躍を推進するための「一般事業主行動計画」（以下「行動計画」といいます）を策定し、届出をすることが義務付けられています。一方、現行法では300人以下の中小企業については行動計画の策定・届出は努力義務に留まっています。女性活躍推進法の改正により、行動計画の策定・届出が義務とされる企業規模は101人以上となることが決まっていますが、これについては第1章2（1）で解説します。

　行動計画の策定・届出は、①状況把握・課題分析、②行動計画策定、③社内周知・公表・届出の順に進めていきます（図表1参照）。

　以下、それぞれについて詳しくみていきます。

（図表1）行動計画策定の流れ

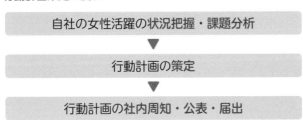

> WORD解説　**「常時雇用する労働者」**
>
> 　正社員、パートタイマー、アルバイト等、雇用契約の形態を問わず、事実上期間の定めなく雇用されている労働者。具体的には次のいずれかに該当する場合をいう。
> ①期間の定めなく雇用されている場合
> ②期間雇用者または日々雇用者で1年以上引き続き雇用されている、または雇入れから1年以上引き続き雇用されると見込まれる場合

（Ⅰ）状況把握・課題分析

　行動計画策定にあたっては、あらかじめ自社の女性活躍に関するデータにより状況を把握した上で、改善すべき課題について分析した結果を勘案して定めなければならないこととされています。そのため、まずは自社の状況把握のためのデータ分析を行う必要があります。

　自社の女性活躍に関する状況については、以下の４項目は必ず把握しなければなりません（基礎４項目）。

> ### 必ず把握しなければならない基礎４項目
> ①採用した労働者に占める女性労働者の割合
> ②男女の平均継続勤務年数の差異
> ③労働者の各月ごとの平均残業時間数等の労働時間の状況
> ④管理職に占める女性労働者の割合

　基礎４項目のうち、①、②については、正社員や契約社員といった、雇用管理区分ごとにデータを把握する必要があります。

　また、基礎４項目以外に企業が任意で把握する項目（選択項目）が定められています。基礎４項目と選択項目の把握や課題分析については、第２章２（１）で詳しく解説します。

> **WORD解説** 「雇用管理区分」
> 　職種、資格、雇用形態、就業形態等の労働者の区分であって、当該区分に属している労働者について、他の区分に属している労働者とは異なる雇用管理を行うことを予定して設定しているもの。
> 　雇用管理区分の例
> 　　①総合職、エリア総合職、一般職
> 　　②正社員、契約社員、パートタイマー
> 　　③営業職、技術職、事務職

（Ⅱ）行動計画の策定

　状況把握と課題分析の結果を踏まえ、自社の行動計画を策定します。行動計画には少なくとも次の①～④の事項を定めることとされています。

行動計画に定める事項

①計画期間

②数値目標

③取り組みの内容

④取り組みの実施時期

　なお、②の数値目標は「○％以上」や「○人」といった、具体的な数値を用いた目標とすることが必要です。ただし、計画期間内に数値目標が達成されなかったからといって法律違反を問われることはありません。行動計画の策定の仕方については、第2章2（2）で解説します。

（Ⅲ）社内周知・公表・届出

　策定した行動計画は、「社内周知」した上で、社外に向けて「公表」しなければなりません。また、都道府県労働局に「届出」する必要があります。これらは行動計画策定後、遅滞なく行わなければならないとされていますので、あまり時間をおかずに速やかに行いましょう。

社内周知

　社内周知としては、以下のような方法が考えられます。

> **社内周知の方法の例**
> ・オフィスの掲示板等みやすい場所への掲示
> ・書面での配布
> ・電子メールでの送付
> ・イントラネット（企業内ネットワーク）への掲載等
> ・事業所への備え付け

　いずれの方法でも問題ありませんが、「オフィスの掲示板等みやすい場所への掲示」、「事業所への備え付け」については、事業所の従業員が容易に確認できる場所に掲示または備え付けることが必要です。特に、事業所への備え付けについては、備え付けの場所が十分に周知されており、かつ、従業員にとって手に取りやすい場所に備え付けることが必要です。

　また、「書面での配布」、「電子メールでの送付」、「イントラネット（企業内ネットワーク）への掲載等」については、たとえば正社員のみ書面の交付やメール送付をしたり、パソコンを使わない従業員はイントラネットがみられないなど、一部の従業員しか知り得ない状況にある場合は、社内周知したことにならないので注意が必要です。

公表

　自社の行動計画策定届を社外に向けて明らかにしなければなりません。公表の方法は「インターネットの利用その他適切な方法」とされており、具体的には、以下のとおりです。

公表の方法

◆インターネットの利用
　・自社のホームページへの掲載
　・厚生労働省「女性の活躍・両立支援総合サイト」内
　「女性の活躍推進企業データベース」への掲載
◆その他の適切な方法
　・日刊紙、県の広報誌への掲載

　インターネットが使える環境にある企業であれば、自社HPへの掲載か、女性の活躍推進企業データベースへの掲載が一般的ですが、インターネットが利用できない企業の場合は、上記「その他の適切な方法」のほか、事務所のみやすい場所に備え付けること等により、一般の人が行動計画を知り得るようにする方法も差し支えないとされています。

（図表２）一般事業主行動計画策定・変更届

一般事業主行動計画策定・変更届
届出年月日　　令和　　年　　月　　日

都道府県労働局長　殿

（ふりがな）
一般事業主の氏名又は名称

（ふりがな）
（法人の場合）代表者の氏名　　　　　　　　　印

住　　　　所〒

電　話　番　号

　一般事業主行動計画を（策定・変更）したので、女性の職業生活における活躍の推進に関する法律第８条第１項又は第７項の規定に基づき、下記のとおり届け出ます。

記

１．常時雇用する労働者の数　　　　　　　　人
　┌男性労働者の数　　　　　　　　　　　　人
　└女性労働者の数　　　　　　　　　　　　人

２．一般事業主行動計画を（策定・変更）した日　　　　平成・令和　　年　　月　　日

３．変更した場合の変更内容
　①　一般事業主行動計画の計画期間
　②　目標又は女性活躍推進対策の内容（既に都道府県労働局長に届け出た一般事業主行動計画策定・変更届の事項に変更を及ぼすような場合に限る。）
　③　その他

４．一般事業主行動計画の計画期間　平成・令和　　年　　月　　日～令和　　年　　月　　日

５．一般事業主行動計画の労働者への周知の方法
　①　事業所内の見やすい場所への掲示
　②　書面の交付
　③　電子メールの送信
　④　その他の周知方法
　（　　　　　　　　　　　　　　　　　　　　　　　　　　　　　　　　　）

６．一般事業主行動計画の外部への公表方法
　①　インターネットの利用（自社のホームページ／女性活躍・両立支援総合サイト／その他
　（　　　　　　））
　②　その他の公表方法
　（　　　　　　　　　　　　　　　　　　　　　　　　　　　　　　　　　）

７．女性の職業生活における活躍に関する情報の公表の方法
　①　インターネットの利用（自社のホームページ／女性活躍・両立支援総合サイト／その他
　（　　　　　　））
　②　その他の公表方法
　（　　　　　　　　　　　　　　　　　　　　　　　　　　　　　　　　　）

８．一般事業主行動計画を定める際に把握した女性の職業生活における活躍に関する状況の分析の概況
　（１）基礎項目の状況把握・分析の実施　　（　　済　　）

　（２）選択項目の状況把握・分析の実施（把握した場合、その代表的なもののみを記載）
　（　　　　　　　　　　　　　　　　　　　　　　　　　　　　　　　　　）

一般事業主行動計画の担当部局名	
（ふりがな） 担当者の氏名	

様式第1号（第一条及び第五条関係）　（第二面・第三面）

9. 達成しようとする目標及び取組の内容の概況（一般事業主行動計画を添付する場合は記載省略可）
（1）達成しようとする目標の内容（分類について（2）の表左欄の数字を記載。数値目標で代表的なもののみを記載。）

分類

（2）女性の活躍推進に関する取組の内容の概況

達成しようとする目標に関する事項（分類）	女性の活躍推進に関する取組の内容として定めた事項（例示）
①　採用に関する事項	ア　採用選考基準や、その運用の見直し イ　女性が活躍できる職場であることについての求職者に向けた積極的広報 ウ　一般職等の職務範囲の拡大・昇進の上限の見直し・処遇改善 エ　一般職等から総合職等への転換制度の積極的な運用 オ　育児・介護・配偶者の転勤等を理由とする退職者に対する再雇用の実施 カ　その他 （　　　　　　　　　　　　　　　　　　　　　）
②　継続就業・職場風土に関する事項	ア　職場と家庭の両方において男女がともに貢献できる職場風土づくりに向けた意識啓発 イ　上司を通じた男性労働者の働き方の見直しなど育児参画の促進 ウ　利用可能な両立支援制度に関する労働者・管理職への周知徹底 エ　若手の労働者を対象とした仕事と家庭の両立を前提としたキャリアイメージ形成のための研修・説明会等の実施 オ　育児休業からの復職者を部下に持つ上司に対する適切なマネジメント・育成等に関する研修等 カ　短時間勤務制度・フレックスタイム制・在宅勤務・テレワーク等による柔軟な働き方の実現 キ　その他 （　　　　　　　　　　　　　　　　　　　　　）
③　長時間労働の是正に関する事項	ア　組織のトップからの長時間労働是正に関する強いメッセージの発信 イ　組織全体・部署ごとの数値目標の設定と徹底的なフォローアップ ウ　時間当たりの労働生産性を重視した人事評価 エ　管理職の人事評価における長時間労働是正・生産性向上に関する評価 オ　労働者間の助け合いの好事例発表・評価等による互いに助け合う職場風土の醸成 カ　チーム内の業務状況の情報共有／上司による業務の優先順位付けや業務分担の見直し等のマネジメントの徹底 キ　その他 （　　　　　　　　　　　　　　　　　　　　　）

④ 配置・育成・教育訓練に関する事項／評価・登用に関する事項	ア 従来、男性労働者中心であった職場への女性労働者の配置拡大と、それによる多様な職務経験の付与 イ 女性労働者の積極的・公正な育成・評価に向けた上司へのヒアリング ウ 若手に対する多様なロールモデル・多様なキャリアパス事例の紹介／ロールモデルとなる女性管理職と女性労働者との交流機会の設定等によるマッチング エ 職階等に応じた女性同士の交流機会の設定等によるネットワーク形成支援 オ 時間当たりの労働生産性を重視した人事評価による育児休業・短時間勤務等の利用に公平な評価の実施 カ その他 （　　　　　　　　　　　　　　　　　　　　　　　　　　　　　）
⑤ 多様なキャリアコースに関する事項	ア 採用時の雇用管理区分にとらわれない活躍に向けたコース別雇用管理の見直し（コース区分の廃止・再編等） イ 一般職等の職務範囲の拡大・昇進の上限の見直し・処遇改善 ウ 非正社員から正社員（※）への転換制度の積極的運用 エ 育児・介護・配偶者の転勤等を理由とする退職者に対する再雇用の実施 オ その他 （　　　　　　　　　　　　　　　　　　　　　　　　　　　　　）

（※）「非正社員」とは、正社員以外の者をいうこと。
「正社員」とは、短時間労働者の雇用管理の改善等に関する法律（平成5年法律第76号）第2条の「通常の労働者」をいうこと。「通常の労働者」とは、いわゆる正規型の労働者をいい、社会通念に従い、当該労働者の雇用形態、賃金形態等（例えば、労働契約の期間の定めがなく、長期雇用を前提とした待遇を受けるものであるか、賃金の主たる部分の支給形態、賞与、定期的な昇給又は昇格の有無）を総合的に勘案して判断するものであること。

（第四面）

（記載要領）

1. 「届出年月日」欄は、都道府県労働局長に「一般事業主行動計画策定・変更届」（以下「届出書」という。）を提出する年月日を記載すること。

2. 「一般事業主の氏名又は名称、代表者の氏名、住所及び電話番号」欄は、申請を行う一般事業主の氏名又は名称、住所及び電話番号を記載すること。氏名については、記名押印又は自筆による署名のいずれかにより記載すること。一般事業主が法人の場合にあっては、法人の名称、代表者の氏名、主たる事務所の所在地及び電話番号を記載すること。代表者の氏名については、記名押印又は自筆による署名のいずれかにより記載すること。電話番号については、主たる事務所の電話番号を記載すること。

3. 「一般事業主行動計画を（策定・変更）」欄は、該当する文字を○で囲むこと。

4. 「1．常時雇用する労働者の数」欄は届出書を提出する日又は提出する日前の1か月以内のいずれかの日において常時雇用する労働者の数、うち男女別労働者の数を記載すること。

5. 「2．一般事業主行動計画を（策定・変更）した日」欄は、該当する文字を○で囲むとともに、策定又は変更した日を記載すること。

6. 「3．変更した場合の変更内容」欄は、該当するものの番号を○で囲むこと。

7. 「4．一般事業主行動計画の計画期間」欄は、策定した一般事業主行動計画の計画期間の初日及び末日の年月日を記載すること。

8. 「5．一般事業主行動計画の労働者への周知の方法」欄は、該当するものの番号を○で囲み、④を○で囲んだ場合は、①から③以外の周知の方法を記載すること。

9. 「6．一般事業主行動計画の外部への公表方法」及び「7．女性の職業生活における活躍に関する情報の公表の方法」欄は、該当するものの番号を○で囲み、①を○で囲んだ場合は、括弧内の具体的方法を○で囲むか、記載すること。②を○で囲んだ場合は、①以外の公表の方法を記載すること。

10. 「8．一般事業主行動計画を定める際に把握した女性の職業生活における活躍に関する状況の分析の概況」欄は、（1）については、①採用した労働者に占める女性労働者の割合、②男女の平均継続勤務年数の差異、③労働者一人当たりの各月ごとの時間外労働及び休日労働の合計時間数等の労働時間の状況、④管理的地位にある労働者（管理職）に占める女性労働者の割合について把握・分析を実施した場合は、（済）を○で囲み、（2）については、把握・分析した場合は、その項目を記載すること（代表的なもののみを記載）。

11. 「9．達成しようとする目標及び取組の内容の概況」欄は、（1）については、一般事業主行動計画に定めた達成しようとする目標（数値目標で代表的なもの）の内容について記載し、当該目標の分類について該当する番号（①から⑤）を記載すること。
（2）については、女性の活躍の推進に関する取組の内容として定めた事項について例示された事項に該当する場合は、それぞれ該当する記号（アからカ）を○で囲み、その他の項目を定めた場合は「その他」にその概要を記載すること。
なお、届出書とともに一般事業主行動計画を添付する場合は、9欄の記載は省略することができること。

（図表３） 行動計画策定・変更届の記入例

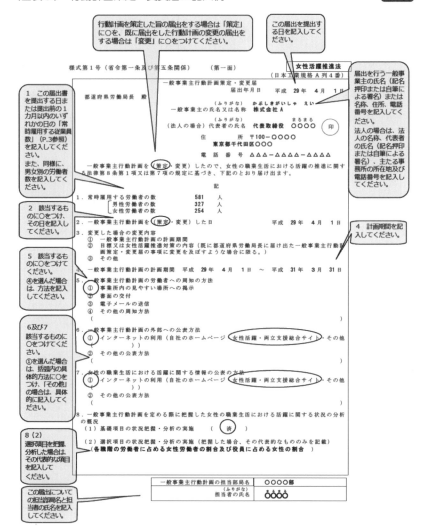

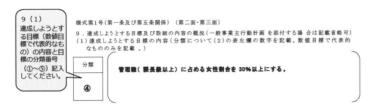

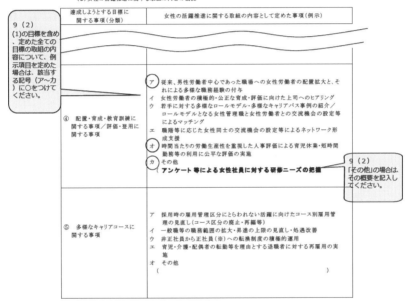

（※）「非正社員」とは、正社員以外の者をいうこと。
「正社員」とは、短時間労働者の雇用管理の改善等に関する法律（平成5年法律第76号）第2条の「通常の労働者」をいうこと。「通常の労働者」とは、いわゆる正規型の労働者をいい、社会通念に従い、当該労働者の雇用形態、賃金形態等（例えば、労働契約の期間の定めがなく、長期雇用を前提とした待遇を受けるものであるか、賃金の主たる部分の支給形態、賞与、定期的な昇給又は昇格の有無）を総合的に勘案して判断するものであること。

資料出所：厚生労働省パンフレット「女性の職業生活における活躍の推進に関する法律に基づく一般事業主行動計画を策定しましょう！」
　　　注：ダウンロード用の記入例は、既に記入済みのものをご利用いただけます。また、令和に対応した最新版となっております。

25

行動計画で定めた内容は、所定の様式（一般事業主行動計画策定・変更届）（図表2、3参照）に記入し、都道府県労働局長に届け出ます。実際に届出を提出する実務上の窓口は、各都道府県労働局の雇用環境・均等部（室）です。

（3）情報公表

常時雇用する労働者が301人以上の企業は、行動計画策定のほか、自社の女性の活躍に関するデータを公表することが義務付けられています。これは主に就職活動中の学生など、求職者の企業選択に資することを目的としています。なお、現行法では300人以下の中小企業については行動計画の策定・届出と同様、情報公表は努力義務とされていますが、この情報公表についても女性活躍推進法の改正により101人以上に改正されることになっています（第1章2（4）参照）。

（I）情報公表の項目

情報公表の項目としては、採用、継続就業や働き方改革、評価・登用の状況に関し、全部で14項目が定められています（図表4参照）。

（図表４）情報公表の項目

採用に関する項目
①採用した労働者に占める女性労働者の割合（区）
②採用における男女別の競争倍率（区）
③労働者に占める女性労働者の割合（区）（派）
継続的な就業や働き方改革に関する項目
④男女の平均継続勤務年数の差異
⑤男女別の採用10年前後の継続雇用割合
⑥男女別の育児休業取得率（区）
⑦１カ月あたりの労働者の平均残業時間等
⑧１カ月あたりの労働者の平均残業時間等（区）（派）
⑨有給休暇取得率
評価・登用に関する項目
⑩係長級にある者に占める女性労働者の割合
⑪管理職に占める女性労働者の割合
⑫役員に占める女性の割合
再チャレンジ（多様なキャリアコース）に関する項目
⑬男女別の職種または雇用形態の転換実績（区）（派：雇入れの実績）
⑭男女別の再雇用または中途採用の実績

※（区）は雇用管理区分（P○○参照）ごと。（派）は派遣労働者を含めて公表する項目。

　これらの14項目のうち少なくとも１項目以上を公表しなければなりません。また、前述のとおり公表した情報項目（データ）は、おおむね年に１回更新しなければなりません。なお、情報公表の項目についても改正が予定されています。改正内容は第１章２（４）、改正を踏まえた情報公表項目の把握の仕方は第２章３（１）でそれぞれ解説します。

（Ⅱ）情報公表の方法

　情報公表の方法は、行動計画の公表の方法と同じで、「インターネットの利用その他適切な方法」により行います。なお、情報公表については、女性の求職者等が容易に閲覧できるように公表しなければならないものとされており、一般の求職者等からみてどこに掲載されているかわからないような場合は公表したことにならないので注意が必要です。

▶ 2 法改正で何が変わる？

　2016年に施行された「女性活躍推進法」は、2019年の国会（第198回通常国会）で「女性活躍推進法等の一部を改正する法律」（2019年6月5日公布）が成立し、大きく改正されることになりました。

　主な改正事項は次のとおりです。

女性活躍推進法の改正事項

①行動計画の策定・届出および情報公表を「101人以上」の企業に義務付け

②状況把握の項目の見直し

③数値目標の拡大

④情報公表項目の拡大

⑤えるぼし認定基準の見直し

⑥新たな特例認定制度（プラチナえるぼし）の創設

⑦虚偽の情報を公表した場合の企業名公表

　改正法の施行日は、①は2022年4月1日、②、③については2020年4月1日、④～⑦については2020年6月1日です。（図表1参照）。

　以下、それぞれの改正事項についてみていきます。

（図表1）女性活躍推進法の改正一覧

内容		改正前	改正後	施行日
義務付け対象企業の拡大	一般事業主行動計画	301人以上の企業	101人以上の企業	2022年4月1日
	情報公表			
状況把握項目の見直し		状況把握の項目25項目	状況把握の項目24項目	2020年4月1日
数値目標の拡大（301人以上の企業）		1項目以上の数値目標を設定	2つの区分ごとに1項目（合計2項目）以上の目標を設定	
情報公表項目の拡大（301人以上の企業）		1項目以上の公表	2つの区分ごとに1項目（合計2項目）以上の公表	2020年6月1日
えるぼし認定基準の見直し		評価5項目ごとの認定基準等により認定	評価5項目のうち2項目について認定基準を緩和	
プラチナえるぼし制度の創設		えるぼし認定	えるぼし認定・プラチナえるぼし認定	
企業名公表		なし	行政の勧告に従わない場合企業名の公表	

（1）行動計画の策定等を101人以上の企業に拡大（2022年4月1日施行）

　第1章の1でみてきたとおり、現行の女性活躍推進法では、常時雇用する労働者が301人以上の企業に対して、①女性の活躍を推進するための行動計画（一般事業主行動計画）の策定・届出および②自社の女性の活躍状況に関する情報公表を義務付けています。これらは300人以下の企業についてはいずれも「努力義務」とされており、行動計画の策定や情報公表をしなくても法律違反となることはありませんが、改正後は、この義務の対象となる企業の規模が101人以上となります。つまり、今回の改正によって、現在は「努力義務」となっている101人以上300人以下の企業が新たに「義務」の対象となり、行動計画の策定・届出および情報公表を求められることになります。

　なお、「常時雇用する労働者」とは、P15でみた通り、雇用契約の形態を問わず、事実上期間の定めなく雇用されている労働者を指します。

　したがって、法改正により義務の対象企業となるか否かの判断にあたっては、正社員だけでなく、一定期間以上雇用されている期間雇用の契約社員やアルバイト等も含めた労働者数を用いることになりますので、注意が必要です。

（2）状況把握の項目の見直し（2020年4月1日施行）

　行動計画策定にあたって行う状況把握の項目のうち、基礎4項目の1つである「労働者の各月ごとの平均残業時間数等の労働時間の状況」における「労働者」の範囲が改正されることになりました。具体的には、次のとおりです。

改正前
管理監督者等（労働基準法41条）および事業場外みなし労働時間制
の適用者（労働基準法38条の2①）を除く労働者

改正後
すべての労働者

　これまで、管理監督者等は、残業時間数の把握は対象外でしたが、
改正後は管理監督者等を含むすべての労働者について把握が必要とな
ります。
　また、基礎項目において管理監督者等の労働時間の把握が必要と
なったことに伴い、選択項目である「管理職の各月ごとの労働時間等
の勤務状況」が削除されることになり、基礎項目と選択項目あわせて
25項目である状況把握の項目が、24項目となります。
　なお、管理監督者等の労働時間の把握の方法の詳細は本稿作成時点
ではまだ明らかになっていませんが、労働安全衛生法66条の8の3
（労働時間の状況の把握）に基づく把握方法、または現行の選択項目
の把握方法であるPCのログオン・ログオフ等の記録、ICカード等に
よる出退勤時間や入退室時間の把握等によることが考えられます。

（3）数値目標の拡大（2020年4月1日施行）

　行動計画に定める数値目標の数については、現行ではいくつ設定す
べきかについて特に定めはないため、1つ以上設定すればよいことに
なります。改正後は、301人以上の企業については、状況把握の項
目に関し、下記の区分ごとに1つ以上の項目を選択し、その項目に関
連する目標を定める必要があります。

①女性労働者に対する職業生活に関する機会の提供

②職業生活と家庭生活との両立に資する雇用環境の整備

つまり、改正後は、301人以上の企業は少なくとも各区分の項目に関連する目標を１つずつ、合計２つ以上の目標を定めることとなります。なお、状況把握・課題分析した結果、①、②の区分のいずれか一方の取り組みが既に進んでおり、もう一方の区分の取り組みを集中的に実施することが適当と認められる場合は、どちらか一方の区分から２項目以上を選択することも可能です。改正後の状況把握の区分と各項目については、第２章実務編P98の図表８を参照してください。

この改正は、2020年４月１日前に計画期間が開始した行動計画については適用されません。たとえば、計画期間が2018年７月１日〜2020年６月30日までの行動計画を既に策定している場合は、2020年７月１日以降に開始する行動計画からこの改正が適用されます。

なお、（１）で述べた改正により新たに行動計画の策定が義務付けられる101人以上300人以下の事業主は、１つ以上設定すればよいこととされています。

（４）情報公表項目の拡大（2020年６月１日施行）

情報公表については、第１章１（３）で述べたとおり、現行では所定の14項目の中から任意の１つ以上の項目の公表が義務付けられています。改正後は、項目が追加され、15項目になります。また、301人以上の企業に対し、（３）の改正と同様に以下の区分ごとに１つ以上、合計で２つ以上の項目の公表が義務付けられます。

①女性労働者に対する職業生活に関する機会の提供

②職業生活と家庭生活との両立に資する雇用環境の整備

　各区分に対応する情報公表項目は図表２のとおりです。

　なお、（１）で述べた改正により新たに情報公表が義務付けられる101人以上300人以下の企業は、①または②のいずれか一方について、１つ以上公表すればよいこととなっています。

（図表2）　区分ごとの情報公表の項目

区分	情報公表項目
女性労働者に対する職業生活に関する機会の提供	採用した労働者に占める女性労働者の割合（区）
	採用における男女別の競争倍率（区）
	労働者に占める女性労働者の割合（区）（派）
	管理職に占める女性労働者の割合
	係長級にある者に占める女性労働者の割合
	役員に占める女性の割合
	男女別の職種または雇用形態の転換実績（区）（派）
	男女別の再雇用または中途採用の実績
職業生活と家庭生活との両立に資する雇用環境の整備	男女の平均継続勤務年数の差異
	男女別の採用10年前後の継続雇用割合
	男女別の育児休業取得率（区）
	1カ月あたりの労働者の平均残業時間等
	1カ月あたりの労働者の平均残業時間等（区）（派）
	有給休暇取得率
	有給休暇取得率（区）（注）2020年6月1日より追加予定

※（区）は雇用管理区分（P16参照）ごと、（派）は派遣労働者も含めて公表する項目

　また、上記の情報公表項目のほか、あらたに以下の項目を公表できることとされます。

（図表3）その他の情報公表項目

区分	情報公表項目の例
女性労働者に対する職業生活に関する機会の提供に資する社内制度の概要	職種または雇用形態の転換制度、正社員としての再雇用または中途採用制度、女性労働者の活躍に資する教育訓練・研修制度、セクシュアルハラスメント等の一元的な相談体制等
職業生活と家庭生活との両立に資する社内制度の概要	育児・介護休業法の各種制度に関する法定を上回る制度、フレックスタイム、在宅勤務、テレワーク等の柔軟な働き方に資する制度、病気・不妊治療等のための休暇制度、年次有給休暇の時間単位取得制度等

（5）新たに特例認定制度（プラチナえるぼし）を創設
　　（2020年6月1日施行）

　今回の改正では、（4）で述べたえるぼし認定よりもさらに水準の高い「特例認定制度」（プラチナえるぼし）が創設されます。この特例認定を受けた場合は、通常のえるぼし認定制度と同様の取り扱いがあるほか、一般事業主行動計画の策定・届出が免除されることとなっています。一方、特例認定を受けた事業主は、毎年少なくとも1回、「女性の職業生活における活躍の推進に関する取り組みの実施の状況」を公表しなければなりません。プラチナえるぼしの認定基準の詳細は第2章4で解説します。

（6）えるぼし認定基準の見直し（2020年6月1日施行）

　女性活躍推進法では、女性活躍推進に関する行動計画の策定・届出を行った企業のうち、女性の活躍に関する取り組みの実施状況が優良な企業に対して認定制度（えるぼし認定）を設けています。この認定を受けると、厚生労働大臣が定める認定マークを名刺や商品に付すことができ、女性の活躍が進んでいる企業としてイメージ向上や優秀な人材確保につながることが期待できます。また、各府省が公共調達をする際、認定を受けている企業は一般競争入札（総合評価落札方式）または企画競争入札の際に加点評価される等、有利に取り扱われることとなっています。

　えるぼし認定には3段階あります。認定基準は、すべての段階において必ず基準を満たさなければならない基本的な項目と、どの段階であるかを評価するための評価項目があります。

　評価項目は、「採用」、「継続就業」、「労働時間等の働き方」、「管理

職比率」、「多様なキャリアコース」の5項目についてそれぞれ認定基準が定められており、5項目の基準のうち、いくつ満たされるかで段階が決まります。今回見直されるのは、「採用」と「継続就業」です。具体的には、次のとおりです。

改正前

〈採用の認定基準〉

『直近3事業年度の平均した「採用における女性の競争倍率×0.8」』が、『直近3事業年度の平均した「採用における男性の競争倍率」』よりも雇用管理区分ごとにそれぞれ低いこと（期間の定めのない労働契約を締結することを目的とするものに限る）

〈継続就業の認定基準〉

　下記の①または②のいずれかを満たすこと

　①「女性労働者の平均継続勤務年数÷男性労働者の平均継続勤務年数」が雇用管理区分ごとにそれぞれ0.7以上であること（期間の定めのない労働契約を締結している労働者に限る）

　②「10事業年度前およびその前後の事業年度に採用された女性労働者の継続雇用割合」÷「10事業年度前およびその前後に採用された男性労働者の継続雇用割合」が雇用管理区分ごとにそれぞれ0.8以上であること（期間の定めのない労働契約を締結している労働者かつ新規学卒採用者等に限る）

改正後

〈採用の認定基準〉

　改正前の基準のほか、以下の基準を満たすことでも可とする。

　直近の事業年度において、以下の①、②をいずれも満たすこと

　①正社員に占める女性比率が産業ごとの平均値を上回っていること

　②正社員の基幹的な雇用管理区分（P16参照）（※1）の女性比率が産業ごとの平均値を上回っていること（※2）

※1　正社員に雇用管理区分を設定していない一般事業主については①のみを満たすことでも可とする

※2　①、②のそれぞれの産業ごとの平均値が4割を超える場合は4割を上回っていること

〈継続就業の認定基準〉

　改正前の基準値を算出できない場合は、以下の基準を満たすことでも可とする

・直近の事業年度において正社員の女性労働者の平均継続勤務年数が、産業ごとの平均値以上であること

　えるぼし認定についての詳細は、第2章実務編（P132）を参照してください。

（7）企業名公表

　女性活躍推進法では、一般事業主行動計画の策定義務を怠ったことや、虚偽の情報公表をしたことに対して、罰則は設けられていません。

　今回の改正では、罰則ではありませんが、情報公表をしなかったり虚偽の情報を公表した場合に、行政の指導・勧告を受けてもなお従わなかったときは、企業名を公表する定めが新設されました。

第2章

実務編

1 女性活躍推進5つのポイント

（1）女性活躍推進5つのポイントとは

　この章では具体的に自社の行動計画策定を進めていきますが、その前に女性が活躍する会社づくりを進めるにあたって重要な5つのポイントを押さえておきましょう。

女性活躍推進5つのポイント
①意識改革
②女性のキャリアアップ
③働き方改革
④両立支援
⑤人事制度

（図表1）女性活躍推進5つのポイント

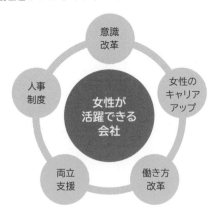

　女性活躍推進への取り組みは、この5つのポイントが図表1のように
バランスのよい状態でないとうまく進みません。そのため、自社の
現状で足りないポイントを知り、そのポイントに重点的に取り組む必
要があります。以下、5つのポイントの内容を解説していきます。

（2）Point 1：意識改革

　意識改革とは、職場で働く人の意識を変えることです。女性活躍推
進において特に改革が必要なのは、当事者である女性自身の意識と男
性管理職の意識です。

（I）女性の意識改革

　企業が女性活躍を進めたくても女性が管理職になりたがらない、と
いうのは人事担当者様からよく聞く悩みです。2017年1月に実施さ
れた、公益財団法人日本生産性本部「第8回コア人材としての女性社
員育成に関する調査」では、女性社員の活躍を推進する上での課題と
して8割の企業が「女性社員の意識」を挙げています。実際に、一般
従業員の昇進意欲について男女別に調べた独立行政法人労働政策研
究・研修機構「男女正社員のキャリアと両立支援に関する調査」（2013
年）では、昇進を希望しない（すなわち、役付きでなくてもよい）と
する男性は3割程度であるのに対して、女性は7割程度と男女で昇進
希望に大きな差があることがわかります（図表2参照）。

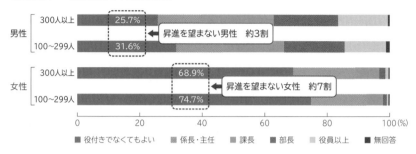

（図表２）一般従業員の昇進意欲

資料出所：（独）労働政策研究・研修機構「男女正社員のキャリアと両立支援に関する調査」（2013年）

　それでは、なぜ女性は昇進意欲を持たないのでしょうか。前掲調査では、課長以上への昇進を希望しない主な理由として、「仕事と家庭の両立が困難になる」、「責任が重くなる」、「自分には能力がない」、「周りに同性の管理職がいない」、「自分の雇用管理区分では昇進の可能性がない」といった理由が挙げられています。

　これらのうち、「仕事と家庭の両立が困難」に関しては両立支援（第２章１（５）　P59参照）の環境が整っていないことが考えられるため、具体的な取り組みが必要になります。一方「自分には能力がない」、「責任が重くなる」、「自分の雇用管理区分では昇進の可能性がない」、「周りに同性の管理職がいない」といった理由については、男性管理職中心の日本企業では、多くの女性にとって、そもそも昇進することが将来のキャリアの選択肢に入っていないといったことが考えられます。このような場合、まずは「自分は昇進の対象ではない（関係ない）」、「なりたくない」といった意識を変えていく必要があります。

（Ⅱ）女性の意識改革の取り組み

　女性の意識を変えていくためには、まずは、会社として女性に対してキャリアアップを期待する旨の働きかけをしていくことが必要です。たとえば、キャリアアップのための研修実施、社長等トップのメッセージ、アンケートや個別面談の実施等が考えられます。女性の意識改革のための働きかけの具体例は、本章（3）～および第3章事例編も参照して下さい。

（Ⅲ）男性管理職の意識改革

　意識改革は、女性だけでなく、男性管理職についても必要です。P48図表4の調査では、100人～299人規模の企業において「男女区別なく評価し、昇進させる」ことに自身が「当てはまる」と答えた男性管理職は約6割程度に留まります。つまり、残り約4割は、男女区別なく評価し昇進させることができていないということです。また同じ調査で、「出張命令や残業命令において男女の区別をしない」と答えた男性管理職は4割程度にとどまります。このように、男女で異なる取り扱いをする原因としては、「性別役割分担意識」が関係していると考えられます。

（Ⅳ）性別役割分担意識

　性別役割分担意識とは、男性、女性といった性別によって役割を固定的に考えることをいいます。性別役割分担意識の例は次のとおりです。

・営業はハードだから女性には向かない
・来客応対や受付、電話応対は女性がやったほうがいい
・子どもが小さい間は女性が育児をするものだ
・男性が育児休業をとるなんて考えられない
・子どもがいる女性は残業もできないし、責任の重い仕事は任せられない
・プロジェクトメンバーに選出すると残業が続くので女性はかわいそうだ
・リーダーはやはり男性がよい。女性はサブリーダーのほうがうまくいく

　上記のいずれも、女性に向かない、あるいは女性がやるものという根拠はありません。なかには「プロジェクトメンバーに選出すると残業が続くので女性はかわいそう」といった気遣いからくるものもありますが、性別で役割を考えていることには変わりなく、見方を変えれば、このプロジェクトメンバーに選出されなかったことで女性は貴重なキャリアアップの機会を逃してしまうかもしれません。性別で役割を考えることは、たとえ親切心であっても本人のためになるとは限らないのです。

　管理職にこのような偏りがあると、男性と女性で異なる扱いをすることになり、女性のキャリアアップは望めません。また、性別役割分担意識があると、女性に対する役割を固定的に考えるので、セクシュアルハラスメントやマタニティーハラスメント、パワーハラスメントにつながる可能性があります。ハラスメントをなくす観点からも、職場の性別役割分担意識はなくしていく必要があります。

　この性別役割分担意識は、管理職自身がそのような意識を持っているという認識がない場合もあります。つまり、性別役割分担意識は職場に「潜在的に」存在するのです。

　性別役割分担意識は日本人のなかに長い時間をかけて根付いてきたもので、その意識を一切なくすことは簡単ではありません。まずは管理職者に対し、自分にそのような意識があるかもしれない、あるとすれば少なくとも仕事において排除しなければならないという認識を持ってもらうことが重要です。

（V）管理職の意識改革のための取り組み

　男性管理職に対する意識改革の取り組みとしては研修等が考えられますが、中小企業の場合、集合研修を受けるほど管理職の人数がいなかったり、予算がとれない場合があります。そのような場合は、管理職が集まるミーティングの場等で、役員や人事部門の責任者から説明をするといったことが考えられます。

Point解説　意識改革まとめ

●女性の意識改革
　女性は昇進がキャリアの選択肢となっておらず、昇進意欲が低い
　→キャリアアップを期待する旨の働きかけをしていくことが必要
●男性管理職の意識改革
　男性管理職が性別役割分担意識等に基づく男女別の扱いをしていることがある
　→男女変わりない育成のため男性管理職等の意識啓発が必要

（3）Point 2：女性のキャリアアップ

2つ目のポイントは「女性のキャリアアップ」です。企業で女性が活躍するためには、キャリアアップするための教育や職場環境が必要ですが、現状の日本企業ではこれらの取り組みが十分とはいえません。具体的な調査結果をみていきましょう。

（Ⅰ）キャリアアップのための教育訓練

次の表は、Off-JTの具体的な内容を男女別に調査した結果です。これをみると、「ビジネスマナー等の基礎知識」や「社内の事務手続き・ルール」といった基礎的な研修は女性の受講が多く、「コンプライアンス研修」や「評価者訓練」、「管理職向け研修」等、キャリアにおいて将来のステップアップを見据えた研修は男性の受講が多いことがわかります。女性がキャリアアップをしていくためには、このような研修の男女差をなくす必要があります。

（図表3）Off-JTの具体的な内容（複数回答）

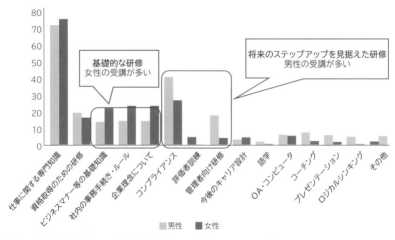

資料出所：（独）労働政策研究・研修機構「第2回働くことと学ぶことについての調査」

（Ⅱ）管理職の行動

　男女かかわらずキャリアアップをしていくためには業務を通じた経験を積み重ねていくことが非常に重要です。いいかえれば、どのような業務が割り振られるかがその後のキャリアに大きく影響します。

　また、国際比較において女性管理職が非常に少ないという調査結果（Ｐ9　図表5参照）からわかるように、日本では女性のキャリアアップが進まない現状がありますが、この男女差を解消するためには意識的に女性を育成・登用する取り組みが必要です。

　これらの点について鍵を握るのは、管理職です。管理職は本来ならば男女区別なく、仕事の能力に応じた割り振りを行い、能力や意欲のある女性を登用していく必要がありますが、実際はそのような運用がなされているとは限らない現状があります。

　次の表は、第2章1（2）（Ⅲ）「男性管理職の意識改革」（P43）でも紹介した、女性社員に対する管理職の育成方針・行動について100～299人規模の会社の男性管理職に調査した結果の詳細です。

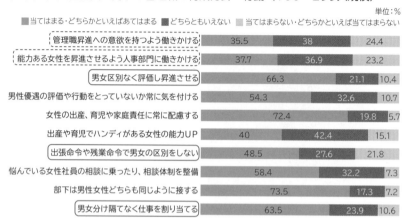

（図表４）女性社員に対する管理職の育成方針・行動（100〜299人規模）

単位：%

■ 当てはまる・どちらかといえばあてはまる　■ どちらともいえない　□ 当てはまらない・どちらかといえば当てはまらない

項目	当てはまる	どちらともいえない	当てはまらない
管理職昇進への意欲を持つよう働きかける	35.5	38	24.4
能力ある女性を昇進させるよう人事部門に働きかける	37.7	36.9	23.2
男女区別なく評価し昇進させる	66.3	21.1	10.4
男性優遇の評価や行動をとっていないか常に気を付ける	54.3	32.6	10.7
女性の出産、育児や家庭責任に常に配慮する	72.4	19.8	5.7
出産や育児でハンディがある女性の能力UP	40	42.4	15.1
出張命令や残業命令で男女の区別をしない	48.5	27.6	21.8
悩んでいる女性社員の相談に乗ったり、相談体制を整備	58.4	32.2	7.3
部下は男性女性どちらも同じように接する	73.5	17.3	7.2
男女分け隔てなく仕事を割り当てる	63.5	23.9	10.6

資料：（独）労働政策研究・研修機構「男女正社員のキャリアと両立支援に関する調査」（2013年）より作成

　調査では、「男女区別なく評価し昇進させる」、「出張命令や残業命令で男女の区別をしない」、「男女分け隔てなく仕事を割り当てる」といった、男女かかわりない評価や仕事の配分をしているかについて尋ねた各項目に対して「当てはまる」と答えた管理職は、5割弱〜6割強という結果がでています。他の項目よりは高い割合ですが、裏を返せば残り4〜5割の管理職は、男女で異なる評価や仕事の割り振りをしている可能性があることになります。これにはPoint1の解説で述べたとおり「性別役割分担意識」（P43（Ⅳ）参照）が関係していることが考えられます。

　また、「管理職昇進への意欲を持つよう働きかける」、「能力ある女性を昇進させるよう人事部門に働きかける」といった、意識的に女性を登用しているかを問う項目では、「当てはまる」とする管理職は4割に満たない結果となっています。

　この調査結果からわかるように、女性のキャリアアップのためには、管理職が男女区別ない仕事の配分や評価、意識的な女性登用に取り組

むことが求められます。たとえば、大きなプロジェクトへの参加等、負荷が大きくてもチャレンジングな仕事を期待する女性に割り振ることや、すぐには難しいものの将来的には管理職候補となり得る女性を選出し、育成につなげることが考えられます。

　これらの取り組みにおいて重要なのは、管理職が「意識的」に行うことです。前に述べたように、職場の潜在的な性別役割分担意識のために、自身では男女で区別をしていないつもりでも、結果として職場に管理職候補の女性が一人もいないというような状況の場合は、女性に対して管理職に向けた育成が不十分であることが考えられます。「リーダーになるような女性がいない」と決めつけず、候補となる女性を普段から意識的に探し、積極的に育成していく姿勢が必要です。

> **Point解説　女性のキャリアアップまとめ**
> ●キャリアアップのための教育訓練
> 　将来的なステップアップを見据えた教育訓練に男女差がある
> 　→男女ともにキャリアアップのための訓練を行う
> ●評価・昇進、仕事の割り振り等
> 　評価・昇進、出張命令や残業命令、仕事の割り振り等において男女差が残っている
> 　→管理職を中心に、意識して女性を育成する取り組みを行う

（4）Point3：働き方改革

　ポイントの３つ目は、働き方改革です。2018年７月６日に「働き方改革関連法」が公布され、時間外労働の上限規制や年次有給休暇の年５日の時季指定義務化等が2019年４月１日から順次施行されています。働き方改革は主に長時間労働の是正や柔軟な働き方を目指すもので、あまり女性活躍推進とは関係がないと思われがちですが、実は大きく関係しています。

WORD解説

「働き方改革関連法」
（働き方改革を推進するための関係法律の整備に関する法律）
　長時間労働の是正、多様で柔軟な働き方の実現、同一労働同一賃金等を目的とした、労働基準法や労働安全衛生法、パートタイム労働法等の多くの法改正を含む法律。2019年４月から順次施行されている。

「時間外労働の上限規制」
　働き方改革関連法に含まれる労働基準法の改正事項の一つ。「時間外・休日労働に関する協定」（36協定）の限度時間の法制化、特別条項の上限時間の設定等、改正前は事実上の青天井だった時間外労働・休日労働の時間数に上限規制が設けられた。施行日は、大企業は2019年４月１日、中小企業（※）は2020年４月１日。
　※中小企業の範囲
　業種ごとに資本金の額もしくは出資の総額または常時使用する労働者数が以下の範囲内である企業
　〈小売業〉　　　5,000万円以下または50人以下
　〈サービス業〉　5,000万円以下または100人以下
　〈卸売業〉　　　１億円以下または100人以下
　〈その他〉　　　３億円以下または300人以下

「年次有給休暇の年５日の時季指定義務化」
　働き方改革関連法に含まれる労働基準法の改正事項の一つ。年次有給休暇の取得率向上を目的として、10日以上年次有給休暇が付与される労働者に対して、付与日数のうち5日は時季を指定して年次有給休暇を付与することを事業主に義務付けた。企業規模にかかわらず2019年４月１日施行。

（Ⅰ）女性の継続就業等への影響

　長時間労働は、女性の継続就業に影響します。妊娠・出産を機に「仕事と家庭の両立が困難になる」として退職した正社員の女性に対して具体的な理由を調査した結果では、「勤務時間があいそうもなかった（あわなかった）」と答えた人の割合が最も高くなっています（図表5参照）。

（図表5）妊娠・出産を機に「両立困難」として退職した人の退職理由

自分の体力がもたなそうだったから
（もたなかった）　39.6% / 30.3%

勤務時間があいそうもなかった
（あわなかった）　56.6% / 37.9%

子どもの病気等で
度々休まざるを得なかった　26.4% / 12.1%

つわりや産後の不調等
妊娠・出産にともなう体調不良のため　20.8% / 34.8%

育児休業を取れそうもなかった
（取れなかった）　17.0% / 24.2%

会社に産休や育休の制度がなかった　22.6% / 24.2%

保育園等に子どもを
預けられそうもなかった（預けられなかった）　17.0% / 27.3%

職場に両立を支援する雰囲気がなかった　34.0% / 16.7%

家族がやめることを希望した　9.4% / 1.5%

その他　3.8% / 1.5%

女性・正社員 (n=53)
女性・非正社員 (n=66)

資料出所：三菱UFJリサーチ＆コンサルティング㈱「平成27年度 仕事と家庭の両立支援に関する調査研究事業 労働者アンケート調査結果」

　また、一般従業員に対して課長以上への昇進を希望しない理由について調べた前掲調査（P42参照）では、「仕事と家庭の両立が困難になる」を挙げた人が、300人以上規模の企業では約3割、100人〜299人規模の企業では約2割程度と、最も高い割合となっています。これは課長以上の役職に就くことで一般的に労働時間が長くなる傾向があるためと考えられます。

　このように、長時間労働は女性の継続就業を難しくし、キャリアアップへの意欲を削ぐものといえます。

（Ⅱ）男性の長時間労働の影響

　女性だけでなく男性の長時間労働も女性活躍推進に無関係ではありません。次の図表は、男性の家事・育児時間を国際比較したものです。

（図表６）6歳未満の子を持つ日本の夫の家事・育児時間（１日あたり）

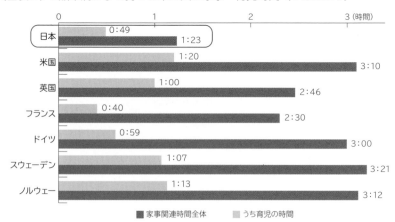

（備考）　1.　総務省「社会生活基本調査」（平成28年）、Bureau of Labor Statistics of the U.S. "American Time Use Survey"（2016）及びEurostat "How Europeans Spend Their Everyday Life of Women and Men"（2004）より作成。
　　　　　2.　日本の値は、「夫婦と子供の世帯」に限定した夫の１日当たりの「家事」、「介護・看護」、「育児」、及び「買い物」の合計時間（週全体平均）。
資料出所：男女共同参画白書平成30年版

　この図表をみると、日本の夫の家事・育児時間は１日あたり１時間30分にも満たず、諸外国に比べて著しく短いことがわかります。この背景には、性別役割分担意識等があると考えられますが、もう一つの要因として夫の長時間労働があります。

　図表７は夫の週間就業時間別に１日あたりの家事関連時間をまとめた資料です。週間就業時間が49時間以上である夫は、35時間〜48時間である夫に比べて家事・育児時間が短く、長時間労働が男性の家事・育児参加を妨げていると考えられます。

（図表7）夫の週間就業時間別にみた1日あたりの家事関連時間

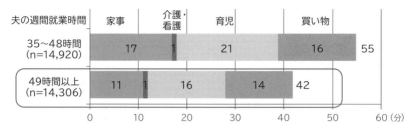

（備考）　1．総務省「社会生活基本調査」（2016年）より作成。
　　　　　2．数値は夫婦と子供の世帯における有業の夫の1日当たりの行動時間（週全体）。
　　　　　　　※子どもは、年齢にかかわらず未婚の者が対象。
資料出所：仕事と生活の調和連携推進・評価部会（第42回）内閣府男女共同参画局提出資料（総務省 平成28年社会生活基本調査より作成）

　また、厚生労働省「第6回21世紀成年者縦断調査」（平成30年11月28日発表）では、夫の平日の家事・育児時間が長いほど、出産後の妻の就業継続割合が高くなるという結果が出ています。

　これまでみたように、男女かかわらず、職場の長時間労働は女性活躍推進を阻みます。女性の労働時間のみ着目するのではなく、職場全体の長時間労働をなくしていくことが重要です。

（Ⅲ）残業時間の削減策

　長時間労働をなくしていくためには、残業時間を削減することが不可欠です。具体的な施策としては、たとえば業務プロセスの標準化や統廃合で具体的に業務を縮小することや、年次有給休暇の取得促進、勤務間インターバル制度、ノー残業デー（ウィーク）の設定により業務を効率よく進める意識変化を促すこと、残業を事前申請制にしたり部下のタイムマネジメントを管理職の評価の対象とすることにより管理職のマネジメントを強化するといったことが挙げられます。いずれにしても単に「残業をするな」というだけでは残業時間が減らないばかりか、労働時間の過小申告にもつながりかねません。自社の状況も考慮しながら具体的な目的を持って施策を導入および実施することが必要です。

WORD解説　**「勤務間インターバル制度」**

　前日の終業時刻から翌日の始業時刻までの間に一定時間以上の休息時間（インターバル）を設けることにより、従業員の十分な生活時間や睡眠時間を確保し、ワーク・ライフ・バランスを向上させることを目的とした制度。
　働き方改革関連法に関連し、労働時間等設定改善法が改正され、勤務間インターバル制度の導入が事業主の努力義務とされた。

（Ⅳ）柔軟な働き方

　残業削減のほかに、長時間労働をなくしていくために有効な策として考えられるのが、「柔軟な働き方」です。働く時間や場所を柔軟に変えることによって、時間を効率的に使うことができ、結果として生産性向上が見込めます。

　公益財団法人日本生産性本部「第16回　日本的雇用・人事の変容に関する調査」（2019年）によれば、柔軟な働き方として導入率が高いのはフレックスタイム制（53.9％）と在宅勤務制度（37.3％）

です。さらにこの2つの制度については、フレックスタイム制導入企業の約6割、在宅勤務制度導入企業の約5割が「生産性向上効果がある」としています。以下、フレックスタイム制と在宅勤務制度について詳しくみていきます。

（Ⅴ）フレックスタイム制

　フレックスタイム制とは労働時間制度のひとつで、一定期間（清算期間）内の総労働時間を定めておき、その枠内で労働者が始業、終業時刻を自主的に決定して働く制度です。1日の労働時間帯は、その時間帯の中であればいつ出社または退社してもよい「フレキシブルタイム」を設けます（例：午前7時〜午後10時等）。フレキシブルタイムの中には必ず出社していなければならない時間帯（コアタイム）を設けることが可能です（例：午前10時〜午後3時等）。フレックスタイム制を取り入れることによって、たとえば子どもの学校行事や家族の通院の付き添い等の家庭の用事がある日は早めに帰宅する一方、勤務可能な時間帯や繁忙期には集中して働く等、効率的な働き方が期待できます。なお、フレックスタイム制については、働き方改革関連法に基づいて労働基準法が改正され、2019年4月1日より、清算期間の長さの上限が現行の1カ月から最大3カ月へと拡大されました。これにより、労働時間の繁閑や育児・介護等の事情にあわせて、より柔軟な労働時間の運用をすることが可能となりました。なお、フレックスタイム制を導入する場合は、就業規則等への記載のほか、労働者の範囲や清算期間等の一定事項について、従業員の過半数で組織する労働組合、それがない場合は従業員の過半数を代表する者との間で、労使協定を締結する必要があります。労使協定については、清算期間が1カ月を超える場合は所轄の労働基準監督署への届出が必要です。

(Ⅵ) 在宅勤務制度

　在宅勤務とは、パソコンやインターネット等ICT（情報通信技術）を利用して、従業員の自宅で労働時間の一部または全部を勤務することをいいます。常に在宅で仕事を行う働き方もありますが、近年は、通常はオフィスで勤務し、仕事の都合にあわせて1日単位・半日単位で制度を利用するという運用が一般的となっています。在宅勤務は通勤が不要となるため効率よく働けるほか、子育て中または介護をしている従業員にとっては、子どもの送り迎えや学校行事、通院の前後に休暇をとらなくても自宅で仕事をすることができるため、就業を継続しやすくなります。近年では、働き方改革や災害時のBCP（事業継続計画）対策等の目的で、育児・介護中の従業員に限定せず全社員に適用する企業も増えてきています。

　在宅勤務制度を導入する場合は、対象者、労働時間、費用負担等、様々な事項についてあらかじめ決めておかなければトラブルになります。これらの事項を明確にするためにも、「在宅勤務規程」等を設けたほうがよいでしょう。規程に定める事項としては、目的や定義のような基本的事項のほか、以下のような項目を定めるとよいでしょう。

①対象者

　対象者を限定する場合の例：「○歳以下の子どもを養育する者、対象家族を介護する者」

②対象業務

　在宅勤務で行う仕事を限定する場合

③申請・承認手続き

　社内における申請・承認の手続き

④労働時間

　適用される労働時間制度等

⑤費用負担

　パソコン等を貸与するか否か、通信費用の負担等

⑥安全衛生、労災補償

　なお、在宅勤務は「テレワーク」の一種です。テレワークとはICTを利用した場所にとらわれない働き方の総称であり、自宅で働く在宅勤務のほか、スマートフォンやタブレット等を用いて顧客先や移動中、カフェ等で随時業務を行う「モバイル勤務」、所属するオフィス以外の他のオフィスや、遠隔勤務用のオフィスで業務を行う「サテライトオフィス勤務」等があります。

　働き方改革が求められる日本の企業では、女性に限らずすべての労働者において仕事の効率を高めていくことが重要です。従来懸念事項として捉えられていた労働時間管理や情報セキュリティの問題もICT技術の進歩でカバーできることが増えてきていますので、生産性向上を目指す有効な方法の一つとして、自社での導入が可能か検討をしてはいかがでしょうか。なお、中小企業向けに厚生労働省や自治体で、情報提供の拠点を設けたり、テレワークの導入費用の一部を助成する事業もありますので、あわせて確認されるとよいでしょう。

働き方改革まとめ

●長時間労働の是正

　長時間労働は女性の就業継続、キャリアアップを阻む

　→業務見直し、年次有給休暇の取得促進等、早急に対応を行う

●柔軟な働き方

　フレックスタイム制や在宅勤務等、柔軟な働き方は男女かかわらず育児・

　介護離職防止や生産性向上の効果が望める

　→自社に導入可能か検討を行う

（5）Point4：両立支援

ポイントの4つ目は両立支援です。両立支援とは、仕事と家庭の両立を支援することです。

仕事と育児の両立に関する調査では、末子妊娠判明当時に仕事を辞めた理由について、男性正社員は「自発的に辞めたが、理由は出産や育児等に直接関係がない」が約3割と最も多いのに対し、女性正社員は、「仕事を続けたかったが、仕事と育児の両立の難しさで辞めた」（約2.5割）が最も多く、女性が仕事と育児の両立に悩み、退職してしまう傾向があることがわかります（図表8参照）。このような離職をなくすため、両立支援では、主に育児や介護等の家庭の事情がある労働者が働きやすい環境を整えるための取り組みが中心となります。

（図表8）末子妊娠判明当時に退職した理由

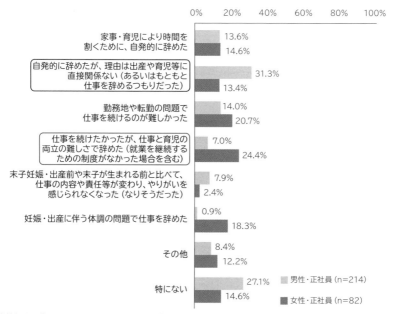

資料出所：三菱UFJリサーチ＆コンサルティング「平成29年度仕事と育児の両立に関する実態把握のための調査研究事業」

（Ⅰ）法律に定めのある制度

　両立支援についての取り組みは、まずは法律に定めのある制度を整備することです。労働基準法、男女雇用機会均等法、育児・介護休業法等には、妊産婦（妊娠中および産後１年を経過しない女性）や育児・介護をする労働者に関する様々な制度が定められています（図表９参照）。

　これらの制度が自社の就業規則等に定められているか確認しましょう。なお、就業規則に定められていても法改正に対応していないケースがありますので、最新の法律に沿った規程となっているか、規程内容の確認も必要です。

（図表９）法律に定めのある両立支援制度

【妊娠・出産】

法律	主な制度	対象者等
労基	時間外労働・休日労働・深夜労働の制限（上記労働をさせない）	妊産婦（※）から請求があった場合
労基	産前産後休業（産前６週産後８週の休業）	・産前は請求があった場合 ・産後は原則休業

法律	主な制度	対象者等
均等	妊娠中、産後の通院休暇 　妊娠23週まで　　　　　４週間に１回 　妊娠24週～35週まで　２週間に１回 　妊娠36週～出産まで　１週間に１回	妊産婦（※）から申出があった場合
均等	妊娠中の通勤緩和（時差通勤等）	医師の指示があった場合
均等	妊娠中の休憩措置（延長、増加、変更）	医師の指示があった場合
均等	産前産後の諸症状への対応（作業制限、勤務時間短縮等）	医師の指示があった場合

※妊娠中または産後１年を経過しない女性

【育児】

法律	主な制度	対象者等
育介	育児休業（原則子が1歳/一定の場合は、子が1歳2カ月または1歳6カ月、2歳まで）	子を養育する労働者（※）が申し出た場合
育介	子の看護休暇（年5日、子が2人以上10日）半日単位でも取得可	小学校就学前までの子を養育する労働者（※）が申し出た場合
育介	所定外労働の制限（所定外労働をさせない）	3歳に満たない子を養育する労働者（※）が請求した場合
育介	時間外労働の制限（時間外労働を一定時間以下に制限）	小学校就学前の子を養育する労働者（※）が請求した場合
育介	深夜労働の制限（深夜労働をさせない）	小学校就学前の子を養育する労働者（※）が請求した場合
育介	所定労働時間の短縮措置（短時間勤務）	3歳に満たない子を養育する労働者（※）が申し出た場合

※一部の労働者は対象外です。
≪法令の略称≫
　労基→労働基準法　均等→男女雇用機会均等法　育介→育児・介護休業法

【介護】

法律	主な制度	対象者等
育介	介護休業（対象家族1人につき3回、通算93日間まで）	要介護状態の家族を介護する労働者（※）が申し出た場合
育介	介護休暇（年5日、対象家族が2人以上10日）半日単位でも取得可	要介護状態の家族を介護・世話する労働者（※）が申し出た場合
育介	所定外労働の制限（所定外労働をさせない）	要介護状態の家族を介護する労働者（※）が請求した場合
育介	時間外労働の制限（時間外労働を一定時間以下に制限）	要介護状態の家族を介護する労働者（※）が請求した場合
育介	深夜労働の制限（深夜労働をさせない）	要介護状態の家族を介護する労働者（※）が請求した場合
育介	短時間勤務制度等の措置 　下記のうち、少なくとも1つ以上の措置を講じる。 　年2回以上の利用が可能な制度とする（④を除く）。 　①短時間勤務制度 　　（利用開始から3年の間で2回以上の利用が可能なもの） 　②時差出勤 　③フレックス等 　④介護サービスの費用の助成等	要介護状態の家族を介護する労働者（※）が申し出た場合

※一部の労働者は対象外です。
≪法令の略称≫
　労基→労働基準法　均等→男女雇用機会均等法　育介→育児・介護休業法

　これらの制度の中には、就業規則等に定めがあっても従業員に知られておらず、制度の利用実績がほとんどないというケースがよく見受けられますので、あらためて社内でパンフレットやリーフレットを作って制度を周知する、取得実績がない男性の育児休業を利用促進する等、既存の制度の周知と利用促進に努めることも必要です。

（Ⅱ）育児・介護休業法に定める努力義務

　育児・介護休業法では、法律で義務付けられている制度のほかに、一定の措置について、講じるよう努めるとする努力義務を定めています。必ず導入しなければならない制度ではありませんので、その必要性や導入にかかるコスト等を踏まえて導入を検討するとよいでしょう。努力義務となっている制度は、次のとおりです。

育児・介護休業法の努力義務

【育児】

1．労働者の区分に応じて次のうち必要な措置を講じること

〈必要な措置〉

①始業時刻変更等の措置

（フレックスタイム制、時差出勤、保育施設の設置・運営等）

②育児休業に関する制度（法を上回る期間の育児休業等）

③所定外労働の制限に関する制度

④短時間勤務制度

〈労働者の区分と必要な措置〉

・1歳未満の子を養育しており育児休業を取得していない労働者→①

・1歳～3歳に達するまでの子を養育する労働者
→①、②

・3歳から小学校就学始期に達するまでの子を養育する労働者
→①～④の措置

2．育児に関する目的で利用できる休暇を設ける

（例）配偶者出産休暇

子の行事参加等にも利用できる多目的休暇等

【介護】

介護を必要とする期間、回数等に配慮した介護休業に関する制度等

（例）・法を上回る回数や日数の介護休業、介護休暇に関する制度や短時間勤務等の措置

・介護休業の対象家族の範囲を広げること

・対象家族について要介護状態に限定しないこと

（Ⅲ）その他の制度

　これまで主に法律で義務または努力義務となっている制度について
みてきました。このほかにもベビーシッター費用の補助等、主に両立
支援を目的とした制度は他にもあり、中小企業で導入している例もあ
りますが、あまりニーズのない制度を導入しても、導入の効果がでな
い場合もあります。一般に中小企業は大企業よりも原資が限られてい
るので、自社の実情をよく検討し、本当に必要と考えられる制度を導
入するとよいでしょう。

（Ⅳ）マミートラックに注意

　両立支援策の取り組みを進めること自体は望ましいことですが、取
り組みが両立支援にばかり偏ってしまうと「マミートラック現象」が
起きてしまう可能性があるので注意が必要です。たとえば、短時間勤
務等をしている女性に対して、継続就業が難しくならないよう能力に
見合わない負荷の軽い仕事ばかりを与えていると、女性は仕事を通じ
たキャリアアップが難しくなります。つまり、マミートラックとは、
陸上競技にたとえるとママ専用のトラック（走路）をずっと走り続け
ることで、次のステップ（昇進・昇格）のあるコースに行くことが難
しくなってしまう現象を指します。

　このように、企業が女性のために行っている配慮であっても、女性
の長期的なキャリアを考える上では支障となる場合もあります。マ
ミートラック現象に象徴されるように、女性活躍推進は５つのポイン
トのどれか一つだけ強く推し進めてもうまく進みません。あくまで足
りないものに取り組み、全体のバランスをよくすることが重要なので
す。

Point解説　**両立支援まとめ**

● 各種法律による定めの整備
　→法定の制度をきちんと整備するほか、制度を利用しやすいよう周知する
● 法を上回る制度や子育て等を支援する独自の制度の導入
　→会社の実情に応じて必要な制度を導入する
● マミートラックに注意
　→女性活躍推進は５つのポイントをバランスよく進めることが重要

（6）Point 5：人事制度

　ポイントの５つ目は人事制度です。女性活躍推進を進めるにあたっては、人事制度を見直す必要がある場合もあります。

（Ⅰ）採用

　次の図表は、コース別雇用管理制度における、総合職採用者の男女比率を調査した結果です（図表10参照）。

（図表10）総合職採用者の男女比率

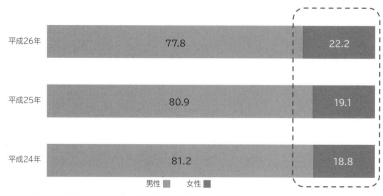

資料出所：厚生労働省「平成26年度コース別雇用管理制度の実施・指導状況」

　この調査結果をみてわかるとおり、女性の総合職採用は、全体の2割程度で推移しています。将来の幹部候補である総合職採用自体が少なければ、管理職候補となる女性の人数も当然少なくなってしまいます。女性活躍推進のためには、まずは総合職採用の女性を増やし、母集団を厚くすることも重要です。なお、いわゆるコース別雇用管理制度を採用していない企業でも、幹部候補として男性を採用し、女性は補助的な役割をすることを職務として採用する企業は少なくないようです。このような採用段階での男女差がある場合は、採用方針そのものの見直しが必要となります。

（Ⅱ）配置

　次に、配置について、採用だけではありません。図表11は部門別の男女の配置の状況を調査した結果です。

（図表11）企業の各部門での男女の配置の状況

部門	いずれの職場にも男女とも1割を超えて配置	女性が9割以上の職場がある（複数回答）	男性が9割以上の職場がある（複数回答）
人事・総務・経理	56.8	33.0	10.3
企画	61.7	13.1	25.4
調査・広報	63.5	16.6	19.9
研究・開発・設計	38.7	3.5	57.8
情報処理	43.2	16.5	40.3
営業	32.5	2.0	65.5
販売・サービス	30.6	32.0	42.5
生産	26.5	7.2	68.6

資料出所：（独）労働政策研究・研修機構「採用・配置・昇進とポジティブアクションに関する調査結果」平成26年

この表をみると、「男性が９割以上の職場がある」部門は、「研究・開発・設計」、「営業」、「生産」といったいわゆる「直接部門」に多いことがわかります。一方、「女性が９割以上の職場がある」部門は、「人事・総務・経理」等の間接部門が多くなっています。日本企業の育成はOJT中心であるにもかかわらず、このように配置する部署が固定的であると職域が広がらず、女性はキャリアを積んでいくことが難しくなる傾向があります。女性活躍を進めるにあたっては、女性がいない部署に積極的な配置を行い、職域拡大をしていくことも必要です。

　また、配置に関連して、雇用形態の転換についても見直すことが重要です。序章で、働く女性の半数は非正規雇用である点を述べましたが、たとえば非正規雇用から正社員、一般職から総合職等、本人の希望や能力、家庭の事情に応じて柔軟に雇用形態を転換していく制度を設ける等、非正規雇用として採用されている女性の中からキャリアアップしてほしい人材を積極的に登用する仕組みをつくることも取り組みの一つとして考えられます。採用だけでなく社内の配置を柔軟にすることで、自社内の優秀な人材をさらに活かすことにつながります。

（Ⅲ）評価

　人事制度についてもう一つ重要な点として、「評価」の見直しがあります。今までの評価の仕方または制度に次のような問題がないか検証が必要です。

・性別役割分担意識が評価・昇進に影響を及ぼしている
　　例：男性部下に対しては「あいつも子どもが大きくなってきたし、そろそろ引き上げてやらないと」といった意識が働くが、女性部下には働かない
・長時間働く人を必要以上に評価する
　　例：残業で遅くまで残る人を、生産性や仕事の質等を考慮せず「頑張っている」と評価する。短い時間で効率よく働く人は評価されない
・曖昧な評価基準で女性のやりがい、やる気につながらない
　　例：個々の管理職のモノサシにより評価される
・短時間勤務等をしているだけで評価を下げる
　　例：働く時間が短いというだけで資格等級を下げる

このような評価は女性の昇進・昇格を難しくするほか、本来の能力が評価されないため、女性の仕事に対するやりがいを削ぐことにつながりかねません。仕事のやりがいは女性のキャリアアップへの意欲に大きな影響があります。

　（独）労働政策研究・研修機構「男女正社員のキャリアと両立支援に関する調査」（2013年）によれば、「仕事の達成感がある」、「組織へ貢献している」、「働くことへの誇りがある」、「能力が発揮できている」等、複数の項目において、「昇進希望のある男女」は「そうでない男女」に比べ、自身が「そう思う」と回答する割合が高い傾向にあります。特に昇進を希望する女性の場合、「そう思う」と回答した割合が、昇進を希望しない女性（3割〜5割程度）に対して、5割〜7割程度であること、さらに、昇進を希望する男性が5割弱〜6割程度であるのに比べても高い割合となっています。こうしたことから、女性の場合は特に、組織への貢献や、能力発揮等、「仕事に対するやりがい」が昇進希望の有無に大きな影響を与えるということがわかります。

　女性のキャリアアップの鍵を握るとも言えるやりがいを削がないためにも、職務のレベルや成果を中心とした評価基準を構築し、透明性を確保することが重要です。透明性を確保した評価制度は女性だけでなく男性のやりがいにもつながるものであり、職場の活性化や離職を防ぐといった職場全体への効果も期待できるでしょう。

> **Point解説　人事制度まとめ**
> ●採用
> 　女性の採用を増やし母集団を厚くすることが女性管理職を増やすことにつながる
> ●配置
> 　女性が少ない職場に積極的に配置すること、非正社員から正社員といった転換推進で社内の人材を活かす
> ●評価
> 　職務のレベルや成果を中心とした評価基準を構築し、透明性を確保する

2 行動計画策定のステップ

　ここからは具体的に女性活躍推進のための行動計画を策定していきます。行動計画策定は次のステップで進めていきます。

（図表1）行動計画策定のステップ

Step1
・自社の課題の分析（基礎4項目の把握）
・タイプ別診断

Step2
・行動計画の策定
　数値目標を決める
　取り組みを決める
　計画期間を定める
　計画書を作成する

Step3
・社内周知・公表・届出
　社内周知の方法
　社内周知は社員だけでよいか
　外部への公表方法
　都道府県労働局への届出

　以下、各ステップについて解説していきます。

（1）Step 1：自社の課題の分析〜タイプ別診断〜

（Ⅰ）自社を知ろう

　第1章で述べたとおり、行動計画策定にあたっては、あらかじめ自

社の女性活躍に関するデータにより状況を把握した上で、改善すべき課題について分析した結果を勘案して定めなければならないこととされています（状況把握・課題分析）。

　自社の女性活躍に関する状況のうち、以下の４項目は必ず把握しなければなりません（基礎４項目）。

必ず把握しなければならない基礎4項目

①採用した労働者に占める女性労働者の割合（区）

②男女の平均継続勤務年数の差異（区）

③労働者の各月ごとの平均残業時間数等の労働時間の状況

④管理職に占める女性労働者の割合

　※１　（区）は雇用管理区分ごとに把握する項目

　※２　直近の事業年度における状況を把握する

　４項目のうち、（区）の印がついているものは、自社のデータを総合職と一般職、正社員とパートタイマーといった各企業の雇用管理区分ごとに分けて把握する必要があります。

WORD解説　「雇用管理区分」（再掲）

　職種、資格、雇用形態、就業形態等の労働者の区分であって、当該区分に属している労働者について、他の区分に属している労働者とは異なる雇用管理を行うことを予定して設定しているもの。

　雇用管理区分の例

　　①総合職、エリア総合職、一般職

　　②正社員、契約社員、パートタイマー

　　③営業職、技術職、事務職

　それでは、各項目の把握の仕方について具体的にみていきましょう。

（ⅰ）基礎4項目を把握する

<u>a　採用した労働者に占める女性労働者の割合</u>

　採用した労働者に占める女性労働者の割合は、男性に偏った採用を
していないか確認をするための項目です。具体的には以下の計算式で
求めます。

【計算式（採用した労働者に占める女性労働者の割合）】
直近の事業年度における
女性採用者数÷採用者数（中途採用含む）×100（％）
　※雇用管理区分ごとに算出する

　実際の計算例をみてみましょう。

【計算例（採用した労働者に占める女性労働者の割合）】
　●事業年度（4月～3月）
　●採用者数
　　≪正社員≫
　　・直近の4月～3月における新卒採用者数　5人
　　　（うち女性1人）
　　・直近の4月～3月における中途採用者数　3人
　　　（うち女性1人）
　　≪契約社員≫
　　・直近の4月～3月における採用者数　6人（うち女性3人）

　➡採用者に占める女性労働者の割合
　　正社員：2人÷8人×100＝25％
　　契約社員：3人÷6人×100＝50％

　なお、パートタイマー等の有期契約労働者であって、採用を事業所単位で管理しているため、企業全体では把握が困難な雇用管理区分については、当該事業年度を含む過去３年以内の一定時点における「労働者に占める女性労働者の割合」で代替しても差し支えないこととされています。

ｂ　男女の平均継続勤務年数の差異

　基礎４項目の２つ目は、男女の平均継続勤務年数の差異です。これは男性と女性の勤続年数を比較することで、女性の継続就業が困難になっていないかを確認するための項目です。この項目は男女別、雇用管理区分別に平均継続勤務年数を求めますが、把握の対象となる労働者に注意が必要です。

把握の対象となる労働者（男女の平均継続勤務年数の差異）
・期間の定めのない労働契約を締結している労働者（正社員等）
・期間雇用者で２以上の契約期間が通算５年を超える労働者

　上記のとおり、契約社員等期間を定めて雇用されている労働者については、通算契約期間が５年を超える労働者のみ把握の対象とします。

　通算契約期間５年超の期間雇用者を対象とするのは、労働契約法における、いわゆる無期転換申込権を有する労働者を対象に加えるというのが趣旨です。したがって、「通算契約期間５年」の判断にあたっては、原則として労働契約法の解釈に従い、「法人単位で通算契約期間が５年を超える労働者」を把握します。

　実際の計算例をみてみましょう（図表２参照）。

「無期転換申込権」

　2013年の労働契約法の改正により、同一の使用者との有期労働契約が通算で５年を超えて繰り返し更新された場合は、労働者の申込みにより無期労働契約に転換することとされた。この有期労働契約者が無期労働契約への申出をする権利を一般的に無期転換申込権という。

（図表２）計算例（平均残業時間数等の労働時間の状況）

正社員 （5人）	社員	男性正社員：平均6年			女性正社員： 平均5年	
		男性A	男性B	男性C	女性D	女性E
	勤続年数	10年	5年	3年	6年	4年

有期パート タイマー （3人）	パートタイマー	女性パートタイマー：平均7年		
		女性F	女性G	女性H
	勤続年数	6年	1年 （対象外）	8年

　上記の例では、雇用管理区分として正社員と有期雇用のパートタイマーがあるため、それぞれ別に平均継続勤務年数を求めます。正社員については、男性正社員は男性Aから男性Cまでの勤続年数を平均した６年、女性正社員は女性Dと女性Eを平均した５年が平均継続勤務年数となります。一方、有期雇用のパートタイマーについては、女性F、G、Hの３人がいますが、Gは勤続年数が５年を超えていないので把握の対象外です。したがって、女性FとHの２人の勤続年数を平均した７年が有期雇用のパートタイマーの平均継続勤務年数となります。

c　労働者の各月ごとの平均残業時間数等の労働時間の状況

　基礎項目の３つ目は、労働者の残業時間数を把握することです。これは女性活躍の障害となる長時間労働がないかを把握するための項目です。

　この項目の把握の対象となる労働者は次のとおりです。

対象労働者（平均残業時間数等の労働時間の状況）

　管理職を含むすべての労働者（非正規雇用労働者を含む）

※省令の改正により、これまで対象労働者から除くとされていた①事業場外みなし労働時間制の適用を受ける労働者と②労働基準法41条の管理監督者等（労働基準法の労働時間・休憩・休日の規定が適用除外となる管離職等）も把握の対象となった（2020年４月１日施行）。

※パートタイマー等労働時間の短い労働者は他の労働者と区分して把握する（育児・介護短時間勤務者、短時間正社員は区分しなくてもよい）。

※裁量労働制（専門型、企画型）の適用者も他の労働者と区分して把握する。裁量労働制の労働時間の把握については、労働基準法上必要とされる健康・福祉確保措置を講ずるための把握方法による（例：パソコンのログオン・ログオフの記録、ICカード等による出退勤時間や入退室時間の把握等）

「事業場外みなし労働時間制」

　労働基準法38条の2に定める労働時間制度。労働者が労働時間の全部または一部について事業場外で業務に従事した場合において、労働時間を算定し難いときは、所定労働時間労働したものとみなされる。ただし、業務を遂行するためには所定労働時間を超えて労働することが必要となる場合において、労使協定を締結したときは、その時間労働したものとみなされる。

「裁量労働制（専門型/企画型）」

　裁量労働とは、業務遂行の手段や方法、時間配分等を大幅に労働者の裁量にゆだねる必要がある場合に、実際の労働時間にかかわらず、労使協定で締結または労使委員会で決議した時間を労働したものとみなす制度。一定の専門的な業務に就く労働者を対象とする「専門型」と、事業の運営に関する事項について企画、立案、調査、分析等を行う業務に就く労働者を対象とする「企画型」がある。

　また、各月ごとの平均残業時間数等の状況は下記の計算式で求めます。

【計算式（平均残業時間数等の労働時間の状況）】（原則）

　各月の(法定時間外労働＋法定休日労働)の合計÷対象労働者数

　　※各月の対象労働者数はその月の初日から末日まで在籍した労働者をカウントする。月の途中で雇入れ・退職した等の事情で月を通して在籍していない労働者は含まない。

　この計算式でいう「法定時間外労働」とは、労働基準法32条に定める法定労働時間（1週40時間、1日8時間）を超える労働時間をいい、いわゆる「法定内時間外労働（所定労働時間を超え、法定労働時間を超えない時間外労働）」は含まれないので注意が必要です。たとえば、1日の所定労働時間を7時間と定めている事業場で1時間残

業した場合は、合計の労働時間が8時間であり、法定労働時間を超えないので、この1時間は法定時間外労働には含まれません。同様に、「法定休日労働」は労働基準法35条に定める法定休日に労働させた場合の時間をいい、必ずしも所定休日に労働させたことが法定休日労働になるとは限らないので注意が必要です。

　なお、所定労働時間を超える時間すべてに対して割増賃金を支払っているような場合等、法定時間外労働と法定休日労働の時間を算出するのが難しいときは、下記の計算式で残業時間数等を求めることも差し支えないとされています。

【原則の計算が難しい場合（平均残業時間数等の労働時間の状況】
　《［各月の対象労働者の総労働時間数の合計］－［（40×各月
　の日数÷7）×対象労働者数］》÷《対象労働者数》

　それでは実際の計算例をみてみましょう。

【計算例（平均残業時間数等の労働時間の状況）】
事業年度が4月～3月の場合

	4月	5月	6月	7月	8月	9月	10月	11月	12月	1月	2月	3月
合計時間A	80H	76H	40H	36H	20H	30H	26H	60H	80H	66H	30H	70H
対象労働者B	5人	5人	5人	5人	5人	5人	6人	6人	6人	6人	6人	6人
平均A/B	16.0H	15.2H	8.0H	7.2H	4.0H	6.0H	4.3H	10.0H	13.3H	11.0H	5.0H	11.7H

---

d　管理職に占める女性労働者の割合

　基礎4項目の最後の項目は、管理職に占める女性労働者の割合です。これは自社で女性労働者がキャリアアップできているかを確認する項目です。これについては次の計算式で求めます。

【計算式】
女性の管理職数÷管理職数×100（％）

ここでの「管理職数」とは、次の労働者を指します。

【管理職数の定義】
「課長級」＋「課長級より上位」の役職（役員を除く）に就く労
働者の合計
　※「課長級」とは次のいずれかに該当する者
　　①「課長」と呼ばれている者で、2係以上の組織からなり、
　　　もしくはその構成員が10人以上
　　②呼称、構成員に関係なく、その職務の内容および責任の程
　　　度が「課長級」に相当

　①のとおり、基本的には課長以上が管理職であり、「課長級」につ
いては組織構成や構成員の人数の定義もありますが、企業規模によっ
ては課長レベルの責任があっても人数を満たさない場合があります。
その場合は、②の基準により、各企業で判断することになります。な
お、「課長代理」、「課長補佐」と呼ばれている者は、一般的に「課長級」
とはみなされないこととされています。

実際の計算例をみてみましょう。

```
【計算例（管理職に占める女性労働者の割合）】
 ・課長以上の役職者（男女）10人
 ・課長以上の女性役職者　　2人
 ➡ 管理職に占める女性労働者の割合
    2人÷10人×100＝20％
```

e　取り扱いに迷うケース

　これまで基礎4項目の把握の仕方をみてきましたが、実際に計算しようとすると、取り扱いに迷うケースが出てきます。実務でよく照会を受けるケースをみてみましょう。

出向者の取り扱い

　出向元に籍を残し、出向先で労務を提供するいわゆる「在籍出向者」の取り扱いは、下記のとおりです。

●「常時雇用する労働者」のカウント

　原則として出向者の主たる賃金を負担する企業の常時雇用する従業員として取り扱います。在籍出向の場合、出向先が「負担金」等を出向元に支払っている場合がありますが、常時雇用する労働者の判断にあたっては、出向者に対して現に「賃金」を支払っている事業主において「常時雇用する労働者」として扱います。ただし、「負担金」が出向者の「主たる賃金」に該当することが証明できるような場合は、負担金を支払う事業主の「常時雇用する労働者」として扱うことは差し支えないとされています。

●基礎４項目のカウント

　基礎４項目を把握する上で、出向者は出向元と出向先のどちらの労働者にカウントするかという点については、出向元と出向先の合意の内容により実態に応じて判断されるものですが、原則として労務提供を前提としない部分については出向元の労働者として、労務提供を前提とする部分については出向先の労働者として取り扱います。この点について、「単なる参考」としつつも、厚生労働省のQ&Aにどちらの労働者として取り扱うか分類した表がありますので、ご確認ください。

（図表３）基礎4項目における出向者の取り扱い

	出向元の労働者として取り扱う	出向先の労働者として取り扱う
状況把握項目	・採用した労働者に占める女性労働者の割合 ・男女の平均継続勤務年数の差異 ・管理職に占める女性労働者の割合	・各月ごとの平均残業時間等の長時間労働の状況

資料出所：厚生労働省「状況把握・情報公表・認定基準等における解釈事項について（Q＆A）」

転籍者の取り扱い

　転籍者は「採用した労働者に占める女性労働者の割合」の対象には含めません。また、継続勤務年数については、原則として転籍後からカウントします。

≪本社と営業所で役職が異なるケース≫

　本社に異動すれば係長となる場合でも、営業所にいる間に管理職にあたる役職に就いている場合は、その間は管理職にカウントします。

ｆ　自社の４項目を把握しよう

　これまで基礎４項目の把握の仕方をみてきました。ここまでの解説に沿って、自社の基礎４項目を把握してみましょう。自社のデータをもとに、図表4のシートに記入をしてください。

（図表４）基礎４項目把握シート　DL⬇

１．採用した労働者に占める女性労働者の割合

	雇用管理区分	採用者数（中途採用含む）			割合（A/B）
		男性	女性（A）	男女計（B）	
採用した労働者	正社員	人	人	人	％
	契約社員	人	人	人	％
	パート	人	人	人	％
	その他	人	人	人	％

２．男女の平均継続勤務年数の差異

	雇用管理区分	男性	女性
平均継続勤務年数	正社員	年	年
	契約社員	年	年
	パート	年	年
	その他	年	年

３．労働者の各月ごとの平均残業時間数等の状況

裁量労働・パート等以外	月	月	月	月	月	月	月	月	月	月	月	月
時間数												
人数												
平均												

裁量労働	月	月	月	月	月	月	月	月	月	月	月	月
時間数												
人数												
平均												

パート	月	月	月	月	月	月	月	月	月	月	月	月
時間数												
人数												
平均												

４．管理職に占める女性労働者の割合

課長級以上の役職者	男性	女性（A）	男女計（B）	割合（A/B）
	人	人	人	％

※原則として直近の事業年度について記入

83

(ii) データから自社の課題を知ろう

　基礎4項目を把握したところで、課題分析をしていきます。それぞれの結果からどのようなことがわかるかみていきましょう。

a　目安の値と比較する

　まず、自社のデータの数値が全体からみてどのレベルにあるのか知るために、次の目安の値と比較します。

（図表5）目安の値

基礎4項目	目安
採用者に占める女性労働者の割合	40%
男女の平均継続勤務年数の差異 （女性の平均継続勤務年数÷男性の平均継続勤務年数）	70%
労働者の各月ごとの平均残業時間数等の労働時間の状況	各月 45時間未満
管理職に占める女性労働者の割合	20%

b　課題分析をする

　次に課題分析をします。自社の値が目安の値より低い（労働時間の状況の場合は目安の時間をオーバーしている）場合は、そこに自社の課題があることになります。特に、複数の項目の課題が重なるときは、自社の課題が浮き彫りになってきます。具体的な課題分析の例をみてみましょう。

基礎4項目の結果からこんなことがわかる（課題分析の例）

・採用した労働者に占める女性労働者の割合は比較的高いが、女性の平均継続勤務年数が男性よりかなり短い

　→採用した女性社員が結婚や出産・育児をきっかけに退職する等、両立支援の環境が整っていないために継続就業が困難となっている可能性がある

・女性の平均継続勤務年数が男性に比べて極端に短く、各月の平均残業時間数等がかなり多い

　→長時間労働があるために女性の継続就業が難しくなっており、結果としてキャリアアップができない可能性がある

・女性の平均継続勤務年数は長いが、管理職に占める女性労働者の割合が低い

　→両立支援の環境が整っている等、女性の継続就業は可能だが、仕事の役割が限定的で昇進・昇格している女性がほとんどいない可能性がある

　今までみてきたとおり、女性活躍推進法の「状況把握・課題分析」とは、自社のデータを把握し、そのデータの結果により自社の課題を分析することです。この課題分析をもとに次のステップである行動計画の策定を行います。

(iii) 選択項目について

　女性活躍推進法では基礎4項目については必ず把握しなければならないこととされています。この4項目で自社の課題が明確にわかればよいのですが、大きな課題がわかったとしても、もう少し分析を進めないとその原因がはっきりとわからない場合があります。そのようなときのために、課題を深堀りするための項目として21種類の「選択

項目」があります（図表6参照）。

（図表6）選択項目の一覧（※1）

区分	分類	基礎項目	選択項目
（1）その雇用し、または雇用しようとする女性労働者に対する職業生活に関する機会の提供	採用	採用した労働者に占める女性労働者の割合（区）	男女別の採用における競争倍率（区） 労働者に占める女性労働者の割合（区）（派）
	配置・育成・教育訓練		男女別の配置の状況（区） 男女別の将来の育成を目的とした教育訓練の受講の状況（区） 管理職および男女の労働者の配置・育成・評価・昇進・性別役割分担その他の職場風土等に関する意識（区）（派：性別役割分担意識など職場風土等に関する意識）
	評価・登用	管理職に占める女性労働者の割合	各職階の労働者に占める女性労働者の割合および役員に占める女性労働者の割合 男女別の1つ上位の職階へ昇進した労働者の割合 男女の人事評価の結果における差異（区）
	職場風土・性別役割分担意識		セクシュアルハラスメント等に関する各種相談窓口への相談状況（区）（派）
	再チャレンジ（多様なキャリアコース）		男女別の職種または雇用形態の転換の実績（区）（派：雇入れの実績） 男女別の再雇用または中途採用の実績（区） 男女別の職種もしくは雇用形態の転換者、再雇用者または中途採用者を管理職へ登用した実績 非正社員の男女別のキャリアアップに向けた研修の受講の状況（区）
	取り組みの効果を図るための指標		男女の賃金の差異（区）
（2）その雇用する労働者の職業生活と家庭生活との両立に資する雇用環境の整備	継続就業・働き方改革	男女の平均継続勤務年数の差異（区）	10事業年度前およびその前後の事業年度に採用された労働者の男女別の継続雇用割合（区） 男女別の育児休業取得率および平均取得期間（区） 男女別の職業生活と家庭生活との両立を支援するための制度（育児休業を除く）の利用実績（区） 男女別のフレックスタイム制、在宅勤務、テレワーク等の柔軟な働き方に資する制度の利用実績
		労働者の各月ごとの平均残業時間数等の労働時間の状況	労働者の各月ごとの平均残業時間数等の労働時間の状況（区）（派） 管理職の各月ごとの労働時間等の勤務状況（※2） 有給休暇取得率（区）

※1　（区）については雇用管理区分ごと、（派）については派遣労働者を含めて把握を行う項目
※2　省令の改正により、2020年4月1日以降は削除されます。

この図表の「基礎項目」がいわゆる基礎４項目で、それぞれに対応する選択項目が「選択項目」の欄に記載されています。たとえば、男女の平均継続勤務年数の差異が大きかったがその原因が特定できないという場合、図表で対応する４つの選択項目（10事業年度前およびその前後の事業年度に採用された労働者の男女別の継続雇用割合、男女別の育児休業取得率および平均取得期間、男女別の職業生活と家庭生活との両立を支援するための制度（育児休業を除く）の利用実績、男女別のフレックスタイム制、在宅勤務、テレワーク等の柔軟な働き方に資する制度の利用実績）を必要に応じ把握することで、より自社の課題が明確になります。ただし、選択項目はあくまで任意の項目であり、必ず把握しなければならないものではありません。各企業の課題分析の状況に応じて必要と感じた項目について把握するとよいでしょう。なお、選択項目の把握も詳細な計算方法が定められていますので、把握の際は厚生労働省作成の一般事業主行動計画策定に関するパンフレット（「一般事業主行動計画を策定しましょう！」）等を参考にするとよいでしょう。

（Ⅱ）タイプ別診断

　これまで説明したとおり、基礎４項目および選択項目の把握により自社の課題を把握することが可能です。しかし中小企業の場合は全体の労働者数が少ないため、直近１年では対象労働者が一人もいないといった事情で極端な数値になる等、データのみでは課題を分析することが難しい場合があります。そこで、本書では、本章１で述べた女性活躍推進の５つのポイントをベースに、基礎４項目の結果も含めたチェックリストによるタイプ別診断により自社の課題を把握し、行動計画の数値目標や取り組み内容を紹介していきます。

（ i ）自社の課題を知る

　タイプ分類にあたっては、図表7【1】のチェックリストを用います。各項目の点数と5つのポイントごとの合計点数を算出した上で、その数値を【2】のグラフに書き込み、自社の5つのポイントのバランスを表す5角形を完成させてください。

（図表７）タイプ分類チェックリスト

DL↓

【１】次の質問に対する答えに応じた点数を右の「評価記入欄」に記入し小計・合計を算出してください。

1．職場の意識改革	評価記入欄
① 女性活躍推進にトップ（経営陣）の強いコミットがある 【点数】 ある：2　ない：0	
② 就業規則等にハラスメント禁止の規定を設け、相談窓口を設置している 【点数】 実施している：2　実施していない：0	
③ お茶くみ等、必要がないのに女性のみが行っている仕事はない（固定的性別役割分担がない） 【点数】 ない：2　ある：0	
④ ハラスメント（セクハラ、マタハラ、パワハラ）防止の研修または周知啓発を行っている 【点数】 実施している：1　実施していない：0	
⑤ 女性にキャリア意識醸成のための研修を行っている 【点数】 実施している：1　実施していない：0	
⑥ 管理職に対し、女性部下に対する両立支援、育成の意識啓発（研修等）を行っている 【点数】 実施している：1　実施していない：0	
⑦ 男性の育児参加、育児休業取得を促す取り組みを実施している 【点数】 実施している：1　実施していない：0	
1．小計	

2．女性のキャリアアップ	評価記入欄
① 課長以上の管理職の女性比率が20％以上だ 【点数】 20％以上：5　10％以上20％未満：3　10％未満：0	
② 将来的なキャリアを見据えた研修等の教育訓練を男女区別なく行っている 【点数】 行っている：1　行っていない：0	
③ 責任は重いが将来のキャリアにつながる仕事を女性にも割り振っている（仕事の割り振りに男女差がない） 【点数】 実施している：1　実施していない：0	
④ 結婚、出産、育児・介護休業の取得が、昇進・昇格の妨げにならない、またはそのように配慮している 【点数】 実施している：1　実施していない：0	
⑤ 管理職手前の女性を対象とした管理職養成等を目的とした研修等を行っている 【点数】 実施している：1　実施していない：0	
⑥ 女性のキャリアアップ（管理職登用等）に向けた積極的な育成を管理職に指導している 【点数】 実施している：1　実施していない：0	
2．小計	

3．働き方改革	評価記入欄
① 労働者の各月ごとの平均残業時間数等の労働時間の状況がすべて30時間未満だ 【点数】 すべて30時間未満：4　すべて45時間未満の範囲：3　45時間を超える月があった：0	
② 年次有給休暇の平均取得率は70％以上だ 【点数】 70％以上：2　50％以上70％未満の範囲：1　50％未満：0	
③ 在宅勤務制度（またはテレワーク全般）を導入し、恒常的な利用実績がある 【点数】 恒常的な利用実績がある：1　制度を導入していないまたは利用実績がほとんどない：0	
④ フレックスタイム制等、労働時間を柔軟に運用できる制度を導入している 【点数】 制度を導入している：1　制度を導入していない（対象労働者がいない場合を含む）：0	
⑤ ノー残業デーや業務の見直し等、時間外労働を減らすための具体的な取り組みを行っている 【点数】 実施している：1　実施していない：0	
⑥ 年次有給休暇の取得を促進するための具体的な取り組みを行っている 【点数】 実施している：1　実施していない：0	
3．小計	

4．両立支援	評価記入欄
① 正社員（雇用管理区分※がある場合は区分ごと）の男女の平均継続勤務年数の差異は70%以上だ 　注：平均継続勤続年数の差異＝女性労働者の平均継続勤務年数÷男性労働者の平均継続勤務年数 　【点数】 70%以上：2　　一部70%未満の区分あり：1　　70%未満：0	
② 直近1年の正社員（雇用管理区分※がある場合は区分ごと）の女性の育児休業取得率はすべて70%以上だ 　注：育児休業取得率＝育児休業を取得した人数÷出産した人数。対象者がいない場合は70%未満とする 　【点数】 70%以上：2　　一部70%未満の区分あり：1　　70%未満：0	
③ 直近3年で7歳未満の子を持つ女性労働者の離職率が1割未満だ 　【点数】 1割未満：2　　1割以上：0　　対象者がいない：0	
④ 必要に応じ妊娠中の女性に対して労働時間や健康管理等の配慮を行っている 　【点数】 実施している：1　　実施していない（対象者がいない場合を含む）：0	
⑤ 子の学校行事、急病等に対して対応しやすい職場体制（業務の共有等）を整えている 　【点数】 実施している：1　　実施していない（対象者がいない場合を含む）：0	
⑥ 男性の育児休業または配偶者出産前後の休暇取得の実績がある 　【点数】 実績あり：1　　実績なし：0	
⑦ 育児・介護休業等の両立支援制度を周知する取り組みをしている 　（例：リーフレット配布、妊娠中の女性に対する個別の説明、研修等での周知） 　【点数】 実施している：1　　実施していない：0	
4．小計	

5．人事制度	評価記入欄
① 正社員（雇用管理区分※がある場合は区分ごと）の採用に占める女性労働者の割合がすべて40%以上だ 　【点数】 40%以上：3　　一部40%未満：1　　40%未満：0	
② 正社員（雇用管理区分※がある場合は区分ごと）における女性労働者の割合は30%以上だ 　【点数】 30%以上：2　　30%未満：0	
③ 正社員（雇用管理区分※がある場合は区分ごと）の勤続年数（入社後5、10年、15年）ごとの男女の賃金差は80%以上だ 　注：男女の賃金差＝女性労働者の賃金の平均÷男性労働者の賃金の平均 　【点数】 80%以上：2　　一部または全部80%未満：0	
④ 部門（営業、生産開発、研究開発等）により男女の人員配置に偏りはない 　【点数】 偏りはない：1　　偏りがある：0	
⑤ 非正社員から正社員、一般職から総合職へ登用する仕組みがあり、登用実績がある 　【点数】 実績あり：1　　実績なし：0	
⑥ 評価制度は仕事の効率や成果に応じた透明な制度である 　【点数】 そのような制度である：1　　そうではない（評価制度がない場合を含む）：0	
5．小計	

※雇用管理区分：総合職、一般職、営業職、技術職等、社内の雇用管理上の区分。詳細はP16参照

【2】それぞれの小計を下記のグラフに書き込んでください。

	項目	点数
1	職場の意識改革	
2	女性のキャリアアップ	
3	働き方改革	
4	両立支援	
5	人事制度	

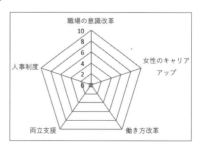

（ⅱ）タイプ別診断

　次に、5つのポイントごとのチェックリストの結果と5角形の形から自社のタイプを決定し、「診断」により自社の傾向を確認してください。

タイプ別診断

①チェックリストの結果をもとに自社のタイプを決定します。
②次のいずれかの観点から自社のタイプを見つけましょう。
　　・作成したグラフの形がよく似ている
　　・タイプごとの「特徴」が自社にあてはまる
③あてはまるタイプがない場合は、「その他」に分類します。
④各タイプの診断内容を確認し、自社の傾向を確認しましょう。

タイプA：性別役割分担型

【特徴】
・人事制度と女性のキャリアアップの点数が特に低い
・働き方改革や両立支援制度は比較的高い

項目	点数
1	職場の意識改革	6
2	女性のキャリアアップ	2
3	働き方改革	9
4	両立支援	8
5	人事制度	3

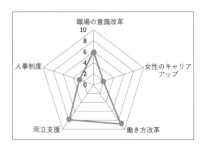

【診断：タイプA　性別役割分担型】
　長時間労働対策や柔軟な働き方などの働き方改革や仕事と家庭の両立支援等、女性の就業継続のための環境はある程度整っていますが、女性の採用や配置に男女で偏りがあったり、登用やキャリアアップのための取り組みが弱いなど、男女で仕事内容や育成方法が異なり女性がキャリアアップできてないことが考えられます。

タイプB：長時間労働型

【特徴】
・働き方改革の点数が特に低く、両立支援制度も点数が低め
・その他の項目は4～6点前後

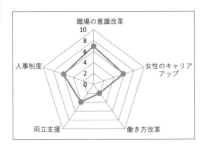

	項目	点数
1	職場の意識改革	7
2	女性のキャリアアップ	6
3	働き方改革	2
4	両立支援	4
5	人事制度	6

【診断：タイプB 長時間労働型】
　女性の採用や登用には意欲がありますが、長時間労働があるために女性がキャリアアップする前に早期に退職してしまうなど、キャリアアップできていないことが考えられます。

タイプC：消極型

【特徴】
全体的に点数が低く、5角形が小さくなる

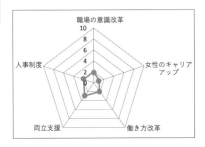

	項目	点数
1	職場の意識改革	2
2	女性のキャリアアップ	1
3	働き方改革	2
4	両立支援	3
5	人事制度	2

【診断：タイプC 消極型】
　5つのポイント全般において女性活躍が進んでいない状態です。なお、女性労働者の積極採用を最近始めた等の事情で女性が少なく、子育て期の対象労働者もいない等の場合もこの消極型に含まれます。

タイプD：キャリア形成不足型

【特徴】
・女性のキャリアアップの点数が特に
　低い
・他の項目は比較的点数が高い（7～
　8前後）

	項目	点数
1	職場の意識改革	6
2	女性のキャリアアップ	2
3	働き方改革	8
4	両立支援	8
5	人事制度	7

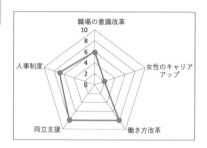

【診断：タイプD キャリア形成不足型】
　女性労働者の数が多く、働き方改革も進み、両立支援制度も整っているため、継続就業が可能な環境は整っていますが、女性がキャリアアップをするための取り組みが弱く、女性管理職等が育っていない状況であることが考えられます。

タイプE：バランス型

【特徴】
5つのどの項目も比較的点数が高く、
5角形のバランスがよい

	項目	点数
1	職場の意識改革	6
2	女性のキャリアアップ	7
3	働き方改革	6
4	両立支援	6
5	人事制度	7

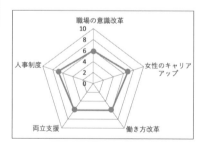

【診断：タイプE バランス型】
　比較的女性活躍推進が進んでいる会社です。全体の点数が6～7点前後の場合は、さらに5角形を大きくすること（点数を高くすること）を目指すことが望まれます。

その他：（A ～ Eのどれにもあてはまらない）

【特徴】
・A～Eのどのタイプにもあてはまらない
・5角形の形がA ～ Eに似ていても、タイプ別診断の状況があてはまらない

項目	点数
1　職場の意識改革	5
2　女性のキャリアアップ	4
3　働き方改革	7
4　両立支援	3
5　人事制度	6

【診断：その他】
　企業の状況は多様なため、タイプの5類型にあてはまらないケースもあります。どのタイプにもあてはまらない場合は、5点未満の個々のポイントに着目し、そのポイントを自社の課題としてとらえます。

（2）Step 2：行動計画の策定〜タイプ別取り組み方法〜

　Step 1のタイプ別診断で自社のタイプと課題がわかったら、いよいよ行動計画の策定をしていきましょう。ここから行動計画の策定の仕方について説明していきます。

（Ⅰ）行動計画の要件

　まず行動計画に必ず定めなければならない事項を確認します。第1章で述べたとおり、行動計画には次の①〜④の事項を必ず定めなければなりません。

> **行動計画に定める事項**
> ①計画期間
> ②数値目標
> ③取り組みの内容
> ④取り組みの実施時期

　以下、それぞれ詳しくみていきます。

計画期間

　計画期間については女性活躍推進法が2016年4月1日〜2025年3月31日まで10年間の時限立法であるため、少なくともその期間内である必要がありますが、それ以外に特に〇年以上、あるいは〇年以下でなくてはならないといった決まりはありません。したがって各企業の事情に応じた期間を定めることが可能です。なお、行動計画策定の詳細について定めた指針（事業主行動計画策定指針・H27.11.20内閣官房告示/内閣府告示/総務省告示/厚生労働省告示第1号。以下

「指針」といいます）では、「10年間をおおむね2年間から5年間に区切るとともに、定期的に行動計画の進捗を検証しながら、その改定を行うことが望ましい」とされています。

数値目標

　②の数値目標については、「女性管理職を〇人以上にする」、「労働者に占める女性の割合を〇割以上にする」等、数値を用いた目標とする必要があります。女性活躍推進法により、数値目標は達成するよう努めなければならないこととされていますが、あくまで努力義務であり、必ず達成しなければならないという法律上の義務はありません。なお、数値目標をいくつ設定すべきかについては特に定めがありませんでしたが、第1章で述べたとおり、常時雇用する労働者が301人以上の企業については、2020年4月1日より、原則として状況把握項目の区分（図表8参照）ごとにそれぞれ1項目以上選択して、当該項目に関連する数値目標を設定しなければなりません。

　ただし、区分のいずれか一方の取り組みが既に進んでおり、もう一方の区分の取り組みを集中的に実施することが適当と認められる場合には、どちらか一方の区分から2項目以上を選択して数値目標を設定すればよいこととされています。いずれにしても、301人以上の企業については、改正後は少なくとも2つ以上数値目標の設定が必要となりますので注意が必要です。

　この改正は、2020年4月1日前に計画期間が開始した行動計画には適用されません。この場合は、次の行動計画策定時からこの改正が適用されます。

　なお、2022年4月1日以降は101人以上300人以下の企業も行動計画の策定が義務付けられますが（第1章P30参照）、これらの企業については、数値目標は1つ以上設定すればよいこととされます。

（図表8）状況把握項目の区分

状況把握項目の区分 ①、②それぞれから1項目以上選択し、関連する数値目標を設定	
①女性労働者に対する職業生活に関する機会の提供	②職業生活と家庭生活との両立に資する雇用環境の整備
・採用した労働者に占める女性労働者の割合（区） ・男女別の採用における競争倍率（区） ・労働者に占める女性労働者の割合（区）（派） ・男女別の配置の状況（区） ・男女別の将来の育成を目的とした教育訓練の受講の状況（区） ・管理職および男女の労働者の配置・育成・評価・昇進・性別役割分担意識その他の職場風土等に関する意識（区）（派：性別役割分担意識等、職場風土等に関する意識） ・管理職に占める女性労働者の割合 ・各職階の労働者に占める女性労働者の割合および役員に占める女性の割合 ・男女別の1つ上位の職階へ昇進した労働者の割合 ・男女の人事評価の結果における差異（区） ・セクシュアルハラスメント等に関する各種相談窓口への相談状況（区）（派） ・男女別の職種または雇用形態の転換の実績（区）（派：雇入れの実績） ・男女別の再雇用または中途採用の実績（区） ・男女別の職種もしくは雇用形態の転換者、再雇用者または中途採用者を管理職へ登用した実績 ・男女別の非正社員のキャリアアップに向けた研修の受講の状況（区） ・男女の賃金の差異（区）	・男女の平均継続勤務年数の差異（区） ・10事業年度前およびその前後の事業年度に採用された労働者の男女別の継続雇用割合（区） ・男女別の育児休業取得率および平均取得期間（区） ・男女別の職業生活と家庭生活との両立を支援するための制度（育児休業を除く）の利用実績（区） ・男女別のフレックスタイム制、在宅勤務、テレワーク等の柔軟な働き方に資する制度の利用実績 ・労働者（注）の各月ごとの平均残業時間数等の労働時間の状況 ・労働者（注）の各月ごとの平均残業時間数等の労働時間の状況（区）（派） ・有給休暇取得率（区） （注）2020年4月1日より管理職を含むすべての労働者が対象

※下線は基礎項目
※（区）は雇用管理区分ごと、（派）は派遣労働者も含めて把握する

取り組み内容

③の取り組み内容は、数値目標を実現するために必要となる具体的な内容を決定します。どのような取り組みを、どの程度の期間行うかについては特に決まりはありませんが、行動計画の実効性を高めるためにも、なるべく具体的な取り組み内容を決めたほうがよいでしょう。

取り組みの実施時期

④の取り組みの実施時期は、③で決めた取り組みを実施する具体的な時期を定めます。行動計画では、取り組みを決めるだけでなく実施時期を明確にすることも求められているのです。

（Ⅱ）行動計画を策定しよう

　それでは行動計画を策定していきましょう。行動計画の策定については次の順番で説明していきます。なお、数値目標と取り組み内容は一体的に考えたほうがわかりやすいため、まとめて解説します。

（図表9）行動計画の策定

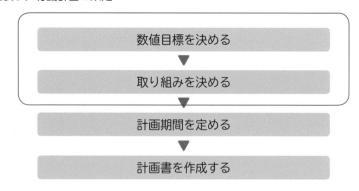

　数値目標を決める

　取り組みを決める

　計画期間を定める

　計画書を作成する

数値目標を決める

　数値目標を決めるにあたっては、あくまで自社の課題を把握した上で各々の課題をなくしていくための実質的な目標を定めることが女性活躍推進につながります。

　自社の課題については、第2章2（1）のタイプ別診断で課題を把握しましたので、ここではタイプ別に数値目標の設定例をみていきましょう。

　※法改正に関する注意事項

　前述のように常時雇用する労働者が301人以上の企業は、2020年4月1日より状況把握項目の区分ごとに1項目以上選択することとされたため、タイプ別診断の結果により数値目標を設定した場合に、

区分ごとに1項目以上とならない場合は、選択のない区分で状況把握した項目の中から課題と考えられるものを別途抽出し、その項目に関する数値目標も設定してください。300人以下の企業はいずれかの区分で1項目以上選択することで足ります。

取り組みを決める

　数値目標決定後に、目標を達成するための取り組みとその実施時期を決めます。この取り組みの内容や実施時期が具体的に決まっていなかったり、自社で実施できないような内容にしてしまうと、せっかく行動計画を策定しても実行できず、行動計画が意味のないものになってしまいます。取り組み内容は各社で自由に決めることができますので、実際に自社で実施が可能な、具体的な取り組みを検討しましょう。

　それでは次ページからタイプ別の数値目標と取り組みの具体例をみていきます。

タイプA 『性別役割分担型』の数値目標・取り組みの例

タイプAの診断

　長時間労働対策や柔軟な働き方等の働き方改革や仕事と家庭の両立支援等、女性の就業継続のための環境はある程度整っていますが、女性の採用や配置に男女で偏りがあったり、登用やキャリアアップのための取り組みが弱い等、男女で仕事内容や育成方法が異なり女性がキャリアアップできてないことが考えられます。

【特徴】
・人事制度と女性のキャリアアップの点数が特に低い
・働き方改革や両立支援制度は比較的高い

	項目	点数
1	職場の意識改革	6
2	女性のキャリアアップ	2
3	働き方改革	9
4	両立支援	8
5	人事制度	3

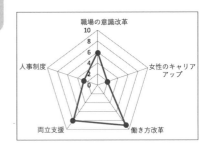

　タイプAは、たとえば総合職と一般職などコース別雇用管理制度を採用している場合や、男性は基幹職で女性は補助的な仕事に従事している等、男女で仕事内容が異なる会社によくみられます。5つのポイントのバランスをみると、「人事制度」と「女性のキャリアアップ」の点数が低くなっているため、この2つのポイントを強化するための数値目標と取り組みを決定します。

数値目標の例

▶女性のキャリアアップに関する数値目標の例

・（課長級）に占める女性労働者の割合を〇％にする。

・（課長級）への登用割合を〇％にする。

・（課長級）の女性労働者を〇人以上にする。

（かっこ内の役職等は各企業の実情に応じて係長等に変更する）

▶人事制度に関する数値目標の例

・●●部（女性が少ない部署）で働く女性労働者の割合を〇％以上にする。

・女性の●●職（女性が多い一般職等）から〇〇職（女性が少ない総合職等）への転換を〇人以上実施する。

取り組みの例

▶女性のキャリアアップに関する取り組みの例

・女性のキャリア意識醸成のための研修を実施する。

・管理職候補の女性を対象とした管理職養成のための研修を実施する。

・女性に対し管理職との個別面談を実施し、職種転換等も視野に入れたキャリアプランを作成する。

・管理職に対して女性の積極的な育成を促す制度をつくる（管理職候補者推薦制度等）。

▶人事制度に関する取り組みの例

・女性が少ない部署への積極的な配置を行う。

・●●職（女性が多い一般職等）から〇〇職（女性が少ない総合職等）への転換を促進する。

タイプB 『長時間労働型』の数値目標・取り組みの例

タイプBの診断

　女性の採用や登用には意欲がありますが、長時間労働があるために女性がキャリアアップする前に早期に退職してしまう等、キャリアアップできていないことが考えられます。

【特徴】
・働き方改革の点数が特に低く、両立
　支援制度も点数が低め
・その他の項目は4～6点前後

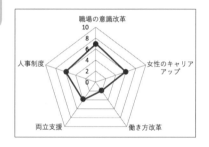

	項目	点数
1	職場の意識改革	7
2	女性のキャリアアップ	6
3	働き方改革	2
4	両立支援	4
5	人事制度	6

　タイプBは、採用時や日々の業務で女性と男性で仕事の割り振り等の差はあまりない反面、長時間労働を前提としたハードワークが基本であるため結婚や出産を機に女性が退職してしまうことが考えられます。「働き方改革」と「両立支援」のポイントが低くなっていますが、「両立支援」の点数が低くなるのは「働き方改革」ができていないことが大きな要因と考えられますので、「働き方改革」に特に重点を置き、「両立支援」については今後結婚・出産を控える女性社員に対する周知啓発を中心とした数値目標と取り組みを決定します。

数値目標の例

▶働き方改革に関する数値目標の例

・月ごとの平均残業時間数を〇時間以上削減する。

・月ごとの平均残業時間数を各月〇時間以内とする。

・年次有給休暇の取得率を〇％以上とする。

・フレックスタイム制の対象労働者を〇％以上とする。

・在宅勤務制度の利用実績を年間〇人以上とする。

▶両立支援に関する数値目標の例

・男女の平均継続勤務年数の差異を〇％にする。

・育児休業の取得率を〇％以上にする。

取り組みの例

▶働き方改革に関する取り組みの例

・ノー残業デーを導入し、労働時間管理の意識付けをする。

・時間外労働を事前申請制にし、管理職がマネジメントする。

・部署ごとに目標値を定め、目標達成に向け業務内容の見直しを図る。

・部署等の残業時間数削減への取り組み内容を管理職の賞与等の評価の対象とする。

・勤務間インターバル制度を導入する。

・フレックスタイム制、在宅勤務制度等柔軟な働き方を導入する。

・年次有給休暇の取得促進（連続休暇の推奨期間を設ける等）や、アニバーサリー休暇・ボランティア休暇等の法定外休暇を導入する。

▶両立支援に関する取り組みの例

・出産前後に利用できる諸制度（産前産後休業や育児休業等）について リーフレット等で個別または研修等で周知する。

・管理職に向けてワークライフバランスやダイバーシティマネジメントに関する研修を行う。

MEMO

タイプC 『消極型』の数値目標・取り組みの例

タイプCの診断
　５つのポイント全般において女性活躍が進んでいない状態です。なお、女性労働者の積極採用を最近始めた等の事情で女性が少なく、子育て期の対象労働者もいない等の場合もこの消極型に含まれます。

【特徴】
全体的に点数が低く、５角形が小さくなる

	項目	点数
1	職場の意識改革	2
2	女性のキャリアアップ	1
3	働き方改革	2
4	両立支援	3
5	人事制度	2

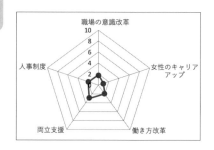

　タイプCはどのポイントの点数も低いという状態です。女性活躍に関心がないため点数が低いケースもありますが、中小企業の場合は年によって採用人数に偏りがあること等も原因として考えられます。たとえば最近女性の積極採用を始めたばかりの場合は、女性が少なく勤続年数も短いため、基礎4項目の数値がすべて低い数値になってしまうことがあります。いずれにしても、女性活躍に関してはまさにこれから、ということでしょう。

　数値目標と取り組みの決定において５項目のいずれを優先するかについては、たとえば入社したばかりの女性労働者が多く、出産・子育て期の女性や、管理職手前のキャリアを持つ女性がそもそもいない場

合は、昇進・昇格も含めた将来のキャリアプランを考えてもらうことや、出産・子育て期に利用できる制度の周知等、キャリア意識の醸成や情報周知をメインとした、「職場の意識改革」と「両立支援」を優先するとよいでしょう。なお、長時間労働がある場合は、前述のような取り組みを行っても離職者がでて効果がでませんので、あわせて「働き方改革」に関する取り組みも必要です。働き方改革に関する数値目標と取り組みに関してはタイプBを参照してください。

数値目標の例

▶職場の意識改革に関する数値目標の例

・リーダークラスの女性を〇人以上にする。

・キャリア意識醸成のための研修を女性社員に100％実施する。

・女性社員との個別面談を100％実施する。

▶両立支援に関する数値目標の例

・男女の平均継続勤務年数の差異を〇％以上にする。

・計画期間中の育児休業の取得者（男女問わず）を〇人以上にする。

取り組みの例

▶職場の意識改革に関する取り組みの例

・社長や経営幹部が女性活躍（女性のキャリアアップ）を推進していくことについてトップメッセージを発する。

・管理職との個別面談により将来のキャリアプランについてヒアリングをしたり、実際にプランを作成する等、キャリアアップへの意識付けを行う。

・女性社員に対しキャリア意識醸成のための研修等を行う。

・管理職に対し、ハラスメントや性別役割分担意識をなくし、女性

の積極的な育成を促すための研修を行う。

▶両立支援に関する取り組みの例
・出産前後に利用できる諸制度（産前産後休業や育児休業等）について リーフレット等で個別にまたは研修等で周知する。
・管理職を対象とした、ワークライフバランスやダイバーシティマネジメントに関する研修を行う。

MEMO

タイプD 『キャリア形成不足型』の数値目標・取り組みの例

> **タイプDの診断**
>
> 　女性労働者の数が多く、働き方改革も進み、両立支援制度も整っているため、継続就業が可能な環境は整っていますが、女性がキャリアアップをするための取り組みが弱く、女性管理職等が育っていない状況であることが考えられます。

【特徴】
・女性のキャリアアップの点数が特に低い
・他の項目は比較的点数が高い（7～8前後）

	項目	点数
1	職場の意識改革	6
2	女性のキャリアアップ	2
3	働き方改革	8
4	両立支援	8
5	人事制度	7

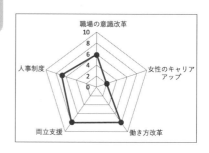

　タイプDは正社員に総合職や一般職といった区分はないものの、女性社員の数が男性より多いにもかかわらず、管理職は男性ばかりで女性の管理職がほとんどいないという企業に多いタイプです。この場合、管理職は男性が就くものという職場風土があり、女性が将来キャリアアップするということが自身のキャリアの選択肢にはいっていません。当然、そのために必要な業務を経験したり、教育訓練等を受けていないことになります。この場合は、極端に点数の低い「女性のキャリアアップ」に重点を置いた数値目標と取り組み内容としつつ、他と比べて「職場の意識改革」の点数が低いことを考慮して取り組み内容

を決めるとよいでしょう。

数値目標の例

▶女性のキャリアアップに関する数値目標の例

・（課長級）の女性労働者を〇人以上にする。

・（課長級）に占める女性労働者の割合を〇％にする。

・（課長級）への登用割合を〇％にする。

　（かっこ内の役職等は各企業の実情に応じて係長、リーダー職等
　に変更する）

取り組みの例

▶女性のキャリアアップに関する取り組みの例

・管理職候補の女性を対象とした管理職養成のための研修を実施す
　る。

・女性に対し管理職との個別面談を実施し、職種転換等も視野に入
　れたキャリアプランを作成する。

・管理職に対して女性の積極的な育成を促す制度をつくる（管理職
　候補者推薦制度等）。

▶職場の意識改革に関する取り組みの例

・社長や経営幹部が女性活躍（女性のキャリアアップ）を推進して
　いくことについてトップメッセージを発する。

・女性社員に対しキャリア意識醸成のための研修等を行う。

・管理職に対し、責任のある仕事を女性に任せていくことや、積極
　的な育成を行うことについて周知または研修等を実施する。

タイプＥ 『バランス型』の数値目標・取り組みの例

タイプＥの診断
　比較的女性活躍推進が進んでいる会社です。全体の点数が６～
７点前後の場合は、さらに５角形を大きくする（点数を高くする）
ことを目指すことが望まれます。

【特徴】
５つのどの項目も比較的点数が高く、
５角形のバランスがよい

	項目	点数
1	職場の意識改革	6
2	女性のキャリアアップ	7
3	働き方改革	6
4	両立支援	6
5	人事制度	7

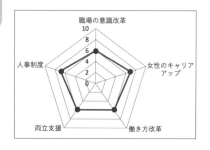

　タイプＥは、５つのポイントでバランスの良い評価となっています。
基本的には比較的女性活躍が進んでいる会社といえるでしょう。しか
し、チェックリストに挙げた女性労働者や管理職の割合等は、日本の
会社のデータを考慮して設けた独自の基準であり、これらの基準を上
回っていたとしても、国際的に比較すれば日本の女性活躍の状況はま
だ途上です。５角形が６～７点で推移している場合はさらに５角形を
大きくすること（８～10点）を目標に、またすでに８～10点で推
移している場合はさらなる女性管理職や女性役員の増加を目指すこと
が望まれます。下記の例では、女性のキャリアアップを強化する場合
の例を挙げています。チェックリストのうち、基準を下回ったものが
ある場合はその基準を達成するための取り組みを行うのもよいでしょ

う。

数値目標の例

▶女性のキャリアアップに関する数値目標の例

　・（課長級）に占める女性労働者の割合を〇％にする。

　・役員に占める女性労働者の割合を〇％にする。

　　（かっこ内の役職等は各企業の実情に応じて部長以上等に変更する）

取り組みの例

▶女性のキャリアアップに関する取り組みの例

　・部長等の管理職候補の女性を対象とした養成のための研修を実施
　　する。

　・幹部候補者として選出し、現在より責任と権限を与える等、育成
　　のためのOJTを行う。

『その他』（A ～ Eのどのタイプにもあてはまらない）

> その他の診断
>
>   企業の状況は多様であるため、A ～ Eのタイプの5類型にあてはまらないケースもあります。どのタイプにもあてはまらない場合は、5点未満の個々のポイントに着目し、そのポイントを自社の課題としてとらえます。

【特徴】
・A ～ Eのどのタイプにもあてはまらない
・5角形の形がA ～ Eに似ていても、タイプ別診断の状況があてはまらない

	項目	点数
1	職場の意識改革	5
2	女性のキャリアアップ	4
3	働き方改革	7
4	両立支援	3
5	人事制度	6

　チェックリストの結果は様々な要素によって変わるため、実際にどのタイプにもあてはまらない場合は少なくありません。また、A ～ Eの5角形の形が似ていても、診断がしっくりこない場合もあるでしょう。そのようなときは、無理にタイプ分類にあてはめず、点数が低くなったポイントに重点的に取り組むことが考えられます。チェックリストの項目のうち、数値に関する基準を下回った場合は、そのポイントに着目する必要があります。各ポイントの数値目標や取り組み内容はタイプA ～ Eを参考にしてください。

（Ⅲ）計画期間を定めよう

　数値目標、取り組み内容、取り組みの実施時期を決定したら、計画期間を定めましょう。前述のとおり、特に〇年以上という決まりはありませんが、短すぎたり長すぎたりすると計画の実行が難しくなります。研修等の短期的に実現できる数値目標の場合は2年程度、管理職登用等のある程度育成期間が必要である場合は3～5年というように、必要に応じた期間を定めるとよいでしょう。

（Ⅳ）計画書を作成しよう

　計画期間まで定めたら行動計画書を作成します。行動計画書に決まったフォーマットはないので、自社の社名と、①計画期間、②数値目標、③取り組みの内容、④取り組みの実施時期が書かれていればよいことになります。本書では厚生労働省のパンフレットに掲載されているものを参考にフォーマットを作成しました（図表10参照）ので、参考にしてください。

（図表10）行動計画書　　　　　　　　　　　　　　　　　　　　**DL↓**

（　　（社名）　　）行動計画

1．計画期間
　　　　年　　月　　日〜　　年　　月　　日

2．当社の課題
　（1）

　（2）

3．目標と取組内容・実施時期

目標1：

〈取組内容〉
　●　　年　　月〜

　●　　年　　月〜

　●　　年　　月〜

目標2：

〈取組内容〉
　●　　年　　月〜

　●　　年　　月〜

　●　　年　　月〜

（3）Step 3：社内周知・公表・届出

　行動計画書を作成したら、社内周知、外部への公表、都道府県労働局への届出が必要です。これらについては第1章ですでに説明しましたが、行動計画策定の一連の流れについて、ポイントをまとめました。詳細については第1章もあわせてご確認ください。

（Ⅰ）社内周知の方法は？

　オフィスの掲示板への掲示、書面での配布、電子メールでの配布、イントラネット（企業内ネットワーク）への掲載等で行います。

（Ⅱ）社内周知は社員だけでよい？

　社内周知は労働者全員に行わなければなりません。たとえば、電子メールで送付する場合、メールアドレスをもっていないパートタイマーは行動計画を知り得ないことになり、周知したことになりません。このような場合は別の方法でパートタイマーにも周知が必要です。

（Ⅲ）外部への公表方法は？

　自社の行動計画は社外に向けて公表することが必要です。この公表は基本的には以下のいずれかの方法によることとされています。
　　①自社のホームページへの掲載
　　②厚生労働省「女性の活躍推進企業データベース」への掲載

（Ⅳ）都道府県労働局への届出

　行動計画は都道府県労働局への届出が必要です。このとき、行動計画書をそのまま届け出るのではなく、所定の様式（一般事業主行動計画策定・変更届）（図表11参照）に行動計画で定めた内容を記入し、

都道府県労働局に届け出ます。実際に届出を提出する実務上の窓口は、各都道府県労働局の雇用環境・均等部（室）です。

（図表11）一般事業主行動計画策定・変更届（P20再掲）

様式第1号（省令第一条及び第五条関係）　　　（第一面）

女性活躍推進法

（日本工業規格 A 列 4 番）

一般事業主行動計画策定・変更届

届出年月日　　令和　　　年　　　月　　　日

都道府県労働局長　殿

（ふりがな）
一般事業主の氏名又は名称

（ふりがな）
（法人の場合）代表者の氏名　　　　　　　　　　　印

住　　　所　〒

電　話　番　号

　一般事業主行動計画を（策定・変更）したので、女性の職業生活における活躍の推進に関する法律第8条第1項又は第7項の規定に基づき、下記のとおり届け出ます。

記

1．常時雇用する労働者の数　　　　　　　　　人
　　┌男性労働者の数　　　　　　　　　　　　人
　　└女性労働者の数　　　　　　　　　　　　人

2．一般事業主行動計画を（策定・変更）した日　　　　平成・令和　　年　　月　　日

3．変更した場合の変更内容
　　① 一般事業主行動計画の計画期間
　　② 目標又は女性活躍推進対策の内容（既に都道府県労働局長に届け出た一般事業主行動計画策定・変更届の事項に変更を及ぼすような場合に限る。）
　　③ その他

4．一般事業主行動計画の計画期間　平成・令和　　年　　月　　日 ～ 令和　　年　　月　　日

5．一般事業主行動計画の労働者への周知の方法
　　① 事業所内の見やすい場所への掲示
　　② 書面の交付
　　③ 電子メールの送信
　　④ その他の周知方法
　　（　　　　　　　　　　　　　　　　　　　　　　　　　　　　　　　　　　　　）

6．一般事業主行動計画の外部への公表方法
　　① インターネットの利用（自社のホームページ／女性活躍・両立支援総合サイト／その他
　　（　　　　　　　）　）
　　② その他の公表方法
　　（　　　　　　　　　　　　　　　　　　　　　　　　　　　　　　　　　　　　）

7．女性の職業生活における活躍に関する情報の公表の方法
　　① インターネットの利用（自社のホームページ／女性活躍・両立支援総合サイト／その他
　　（　　　　　　　）　）
　　② その他の公表方法
　　（　　　　　　　　　　　　　　　　　　　　　　　　　　　　　　　　　　　　）

8．一般事業主行動計画を定める際に把握した女性の職業生活における活躍に関する状況の分析の概況
　　（1）基礎項目の状況把握・分析の実施　　　（　　済　　）

　　（2）選択項目の状況把握・分析の実施（把握した場合、その代表的なもののみを記載）
　　（　　　　　　　　　　　　　　　　　　　　　　　　　　　　　　　　　　　　）

一般事業主行動計画の担当部局名	
（ふりがな） 担当者の氏名	

121

9．達成しようとする目標及び取組の内容の概況（一般事業主行動計画を添付する場合は記載省略可）
（1）達成しようとする目標の内容（分類について（2）の表左欄の数字を記載。数値目標で代表的
　　　なもののみを記載。）

分類	

（2）女性の活躍推進に関する取組の内容の概況

達成しようとする目標に 関する事項（分類）	女性の活躍推進に関する取組の内容として定めた事項（例示）
①　採用に関する事項	ア　採用選考基準や、その運用の見直し イ　女性が活躍できる職場であることについての求職者に向けた積極的広報 ウ　一般職等の職務範囲の拡大・昇進の上限の見直し・処遇改善 エ　一般職等から総合職等への転換制度の積極的な運用 オ　育児・介護・配偶者の転勤等を理由とする退職者に対する再雇用の実施 カ　その他 （　　　　　　　　　　　　　　　　　　　　　　　　　　　　　　　）
②　継続就業・職場風土に関 する事項	ア　職場と家庭の両方において男女がともに貢献できる職場風土づくり 　　に向けた意識啓発 イ　上司を通じた男性労働者の働き方の見直しなど育児参画の促進 ウ　利用可能な両立支援制度に関する労働者・管理職への周知徹底 エ　若手の労働者を対象とした仕事と家庭の両立を前提としたキャリア 　　イメージ形成のための研修・説明会等の実施 オ　育児休業からの復職者を部下に持つ上司に対する適切なマネジメン 　　ト・育成等に関する研修等 カ　短時間勤務制度・フレックスタイム制・在宅勤務・テレワーク等に 　　よる柔軟な働き方の実現 キ　その他 （　　　　　　　　　　　　　　　　　　　　　　　　　　　　　　　）
③　長時間労働の是正に関す る事項	ア　組織のトップからの長時間労働是正に関する強いメッセージの発信 イ　組織全体・部署ごとの数値目標の設定と徹底的なフォローアップ ウ　時間当たりの労働生産性を重視した人事評価 エ　管理職の人事評価における長時間労働是正・生産性向上に関する評価 オ　労働者間の助け合いの好事例発表・評価等による互いに助け合う職場 　　風土の醸成 カ　チーム内の業務状況の情報共有／上司による業務の優先順位付けや 　　業務分担の見直し等のマネジメントの徹底 キ　その他 （　　　　　　　　　　　　　　　　　　　　　　　　　　　　　　　）

④ 配置・育成・教育訓練に関する事項／評価・登用に関する事項	ア 従来、男性労働者中心であった職場への女性労働者の配置拡大と、それによる多様な職務経験の付与 イ 女性労働者の積極的・公正な育成・評価に向けた上司へのヒアリング ウ 若手に対する多様なロールモデル・多様なキャリアパス事例の紹介／ロールモデルとなる女性管理職と女性労働者との交流機会の設定等によるマッチング エ 職階等に応じた女性同士の交流機会の設定等によるネットワーク形成支援 オ 時間当たりの労働生産性を重視した人事評価による育児休業・短時間勤務等の利用に公平な評価の実施 カ その他 （ ）
⑤ 多様なキャリアコースに関する事項	ア 採用時の雇用管理区分にとらわれない活躍に向けたコース別雇用管理の見直し（コース区分の廃止・再編等） イ 一般職等の職務範囲の拡大・昇進の上限の見直し・処遇改善 ウ 非正社員から正社員（※）への転換制度の積極的運用 エ 育児・介護・配偶者の転勤等を理由とする退職者に対する再雇用の実施 オ その他 （ ）

（※）「非正社員」とは、正社員以外の者をいうこと。
「正社員」とは、短時間労働者の雇用管理の改善等に関する法律（平成5年法律第76号）第2条の「通常の労働者」をいうこと。「通常の労働者」とは、いわゆる正規型の労働者をいい、社会通念に従い、当該労働者の雇用形態、賃金形態等（例えば、労働契約の期間の定めがなく、長期雇用を前提とした待遇を受けるものであるか、賃金の主たる部分の支給形態、賞与、定期的な昇給又は昇格の有無）を総合的に勘案して判断するものであること。

（記載要領）

1．「届出年月日」欄は、都道府県労働局長に「一般事業主行動計画策定・変更届」（以下「届出書」という。）を提出する年月日を記載すること。

2．「一般事業主の氏名又は名称、代表者の氏名、住所及び電話番号」欄は、申請を行う一般事業主の氏名又は名称、住所及び電話番号を記載すること。氏名については、記名押印又は自筆による署名のいずれかにより記載すること。一般事業主が法人の場合にあっては、法人の名称、代表者の氏名、主たる事務所の所在地及び電話番号を記載すること。代表者の氏名については、記名押印又は自筆による署名のいずれかにより記載すること。電話番号については、主たる事務所の電話番号を記載すること。

3．「一般事業主行動計画を（策定・変更）」欄は、該当する文字を〇で囲むこと。

4．「1．常時雇用する労働者の数」欄は届出書を提出する日又は提出する日前の1か月以内のいずれかの日において常時雇用する労働者の数、うち男女別労働者の数を記載すること。

5．「2．一般事業主行動計画を（策定・変更）した日」欄は、該当する文字を〇で囲むとともに、策定又は変更した日を記載すること。

6．「3．変更した場合の変更内容」欄は、該当するものの番号を〇で囲むこと。

7．「4．一般事業主行動計画の計画期間」欄は、策定した一般事業主行動計画の計画期間の初日及び末日の年月日を記載すること。

8．「5．一般事業主行動計画の労働者への周知の方法」欄は、該当するものの番号を〇で囲み、④を〇で囲んだ場合は、①から③以外の周知の方法を記載すること。

9．「6．一般事業主行動計画の外部への公表方法」及び「7．女性の職業生活における活躍に関する情報の公表の方法」欄は、該当するものの番号を〇で囲み、①を〇で囲んだ場合は、括弧内の具体的方法を〇で囲むか、記載すること。②を〇で囲んだ場合は、①以外の公表の方法を記載すること。

10．「8．一般事業主行動計画を定める際に把握した女性の職業生活における活躍に関する状況の分析の概況」欄は、（1）については、①採用した労働者に占める女性労働者の割合、②男女の平均継続勤務年数の差異、③労働者一人当たりの各月ごとの時間外労働及び休日労働の合計時間数等の労働時間の状況、④管理的地位にある労働者（管理職）に占める女性労働者の割合について把握・分析を実施した場合は、（済）を〇で囲み、（2）については、把握・分析した場合は、その項目を記載すること（代表的なもののみを記載）。

11．「9．達成しようとする目標及び取組の内容の概況」欄は、（1）については、一般事業主行動計画に定めた達成しようとする目標（数値目標で代表的なもの）の内容について記載し、当該目標の分類について該当する番号（①から⑤）を記載すること。
　（2）については、女性の活躍の推進に関する取組の内容として定めた事項について例示された事項に該当する場合は、それぞれ該当する記号（アからカ）を〇で囲み、その他の項目を定めた場合は「その他」にその概要を記載すること。
　なお、届出書とともに一般事業主行動計画を添付する場合は、9欄の記載は省略することができること。

MEMO

3 情報公表のステップ

　行動計画の策定とともに、情報公表もしなければなりません。ここからは、情報公表についてみていきましょう。情報公表は次のステップで進めていきます。

（図表1）情報公表のステップ

Step1
・情報公表項目の把握
　情報公表項目を確認しよう
　情報公表項目を把握しよう

Step2
・情報公表をする
　情報公表の方法
　情報公表の頻度

Step3
・PDCAを回す
　情報公表をPDCAのきっかけにする
　PDCAにより行動計画を実のあるものに

（1）Step 1：情報公表項目の把握

（Ⅰ）情報公表項目を確認しよう

　情報公表するためには、まずは公表する項目を把握する必要があります。第1章で述べたとおり、情報公表項目として図表2のとおり項目が定められています。

（図表2）区分ごとの情報公表の項目

区分 （2020年6月1日以降）	情報公表項目
女性労働者に対する職業生活に関する機会の提供	採用した労働者に占める女性労働者の割合（区）
	採用における男女別の競争倍率（区）★1
	労働者に占める女性労働者の割合（区）（派）
	管理職に占める女性労働者の割合
	係長級にある者に占める女性労働者の割合
	役員に占める女性の割合
	男女別の職種または雇用形態の転換実績（区）（派）
	男女別の再雇用または中途採用の実績★2
職業生活と家庭生活との両立に資する雇用環境の整備	男女の平均継続勤務年数の差異★3
	男女別の採用10年前後の継続雇用割合
	男女別の育児休業取得率（区）
	1カ月あたりの労働者の平均残業時間等★4
	1カ月あたりの労働者の平均残業時間等（区）（派）★4
	有給休暇取得率（注）
	有給休暇取得率（区）2020年6月1日より追加予定

※ （区）は雇用管理区分ごと、（派）は派遣労働者を含めて公表することが必要

（Ⅱ）情報公表項目を把握しよう

　情報公表項目をよく確認すると、状況把握の項目（P98参照）と内容が同じものが多いことがわかります。つまり、新たに情報公表項目を把握しなくても、状況把握・課題分析で既に把握している項目を

そのまま公表することが可能であり、また、行政通達においても、「状況把握・課題分析した項目から公表する項目を選択することが基本と考えられること」とされています（H27.10.28職発1028②、雇児発1028⑤）。

　ただし、図表２で★のついている項目については、状況把握の項目の仕方と定義が異なるので注意が必要です。

　具体的な相違点は次のとおりです。

★1　採用における男女別の競争倍率
　　　中途採用を含む
★2　男女別の再雇用または中途採用の実績
　　　・再雇用の対象者は正社員として雇い入れる場合に限る
　　　・中途採用の対象者は、おおむね30歳以上の者を「正社員」として雇い入れる場合に限る
★3　男女の平均継続勤務年数の差異
　　　期間の定めのない労働契約を締結している労働者が対象
★4　１カ月あたりの労働者の平均残業時間等
　　　「１年間の対象労働者の（法定時間外労働＋法定休日労働）の総時間数の合計」÷12カ月÷「対象労働者数」
　　　これにより難い場合は、
　　　〔「１年間の対象労働者の総労働時間数の合計」－「１年間の法定労働時間の合計＝（40×１年間の日数÷７）×対象労働者数」〕÷12カ月÷「対象労働者数」

　情報項目は、図表２の項目からいずれか１つ以上公表すればよいこととされており、状況把握のように必ず公表しなければならない項目もありません。したがって、各企業が公表するのに適切と考える項目

を、1つ以上把握すればよいことになります。ただし、公表する項目が少ないと、ホームページや「女性の活躍推進企業データベース」に掲載されたデータを閲覧する求職者に対するアピールになりませんので、適切と考えられるデータは積極的に公表したほうがよいでしょう。

　なお、第1章2（4）で述べたとおり、法改正により、2020年6月1日以降、常時雇用する労働者が301人以上の企業については、図表2の2つの区分ごとにそれぞれ1項目以上の公表が必要となるので注意が必要です。一方、101人以上300人以下の企業については、2022年4月1日以降、情報公表の義務付け対象企業となった後も1つ以上の項目の公表で足ります。

（2）Step 2：情報公表をする

（Ⅰ）情報公表の方法

　情報公表は、第1章でも述べたとおり、インターネットの利用その他適切な方法により行います。具体的には自社のホームページまたは厚生労働省のウェブサイト「女性の活躍推進企業データベース」への掲載が挙げられます。「女性の活躍推進企業データベース」への掲載の場合は特に問題ありませんが、自社のホームページに掲載する場合や、その他の方法による場合は、女性の求職者等が容易に閲覧できるように公表しなければならないことに注意が必要です。掲載されていても、一般の求職者からみてどこに掲載されているかが不明な場合は、容易に閲覧できるとはいえず、公表しているとは認められない可能性があるので注意をしましょう。なお、情報公表の形式については、たとえば、行動計画書に公表する情報も記載する等、求職者が、行動計画の公表と一体的に閲覧できるようにすることが望ましいとされています。

（Ⅱ）情報公表の頻度

　情報公表は、公表した日を明らかにした上で、「おおむね年１回以上」内容を更新しなければならないとしています。「１年以内」といった厳密な期限はないので、情報公表をした日から１年以上経過してしまったとしても、ただちに法律違反となるわけではありません。しかし「おおむね年１回」とはいえないほど間があかないよう、１年以上経過している場合は、速やかに新しい情報に更新するようにしましょう。この場合、更新する情報については、その時点で得られる最新の数値でなくてはなりません。事業年度と数値を得るタイミングにもよりますが、特段の事情がない限り、古くとも更新時点の事業年度の前々年度の情報である必要があります。

　なお、情報を更新するにあたり、特に同じ項目について継続的に情報を更新しなければならない、といった決まりはありません。法令上はあくまで企業が適切と認めたものを、所定の項目（P127の図表２参照）の中から１つ（301人以上の企業は２つ）以上選択して公表すればよいので、前年とは異なる項目を公表しても法令上問題はありません。

（3）Step 3：PDCAを回す

（Ⅰ）情報公表をPDCAのきっかけにする

　ここで、少し視点を変え、法律で定められた義務とは別に、女性活躍推進全体の中での情報公表の意味を考えてみます。行動計画期間は、２年〜５年とする企業が多いと考えられますが、この計画期間中、計画に定めた取り組みの進捗状況やそれによる自社の状況の変化を一定期間ごとに振り返り、数値目標に確実に近づいているかを点検・評価する、いわゆる「PDCAサイクル」（Plan（計画）、Do（実行）、

Check（評価）、Action（改善））を回すことは、行動計画を実際の成果につなげていく上でとても重要です。しかし、PDCAのタイミングは法律に定めがないため、一度計画してしまうとそのままになってしまいがちです。そこで、年1回以上の情報公表のタイミングをPDCAのきっかけとすることが考えられます。情報公表の項目等を用いて自社の毎年の状況を把握し、取り組みの評価や改善につなげることが考えられます。

（Ⅱ）PDCAにより行動計画を実のあるものに

　情報公表をPDCAのきっかけとし、継続的に項目の内容を把握することで、現在の行動計画の取り組みの効果や課題が明確になります。自社が最初に把握した課題や、行動計画の取組内容によって、たとえば採用割合に課題があった場合は関連する項目を選択する等、どの項目を継続的に把握すべきかについても、自然と定まってくるでしょう。情報公表にあたっては、比較的「よい数値」がでる項目を公表しているという企業も少なくないと思われます。実際、省令に定める項目を1つ以上公表している限り、そのこと自体に問題はありませんし、求職者に自社の状況をアピールする意味でもよいことです。しかし、状況把握・課題分析等の様々な課程を経て策定した行動計画を実のあるものにするためには、1年ごとの情報の更新時に、行動計画のPDCAを回すことも視野にいれて情報を把握することが重要です。

4 認定の取得について

（1）えるぼし認定

　第1章の「法改正で何が変わる？」で述べたとおり、女性活躍推進法では、女性活躍推進に関する行動計画の策定・届出を行った企業のうち、女性の活躍に関する取り組みの実施状況が優良な企業に対して、認定制度（えるぼし認定）を設けています。この認定を受けると、厚生労働大臣が定める認定マーク（図表1参照）を名刺や商品に付すことができ、女性の活躍が進んでいる企業としてイメージ向上や優秀な人材確保につなげることが期待できます。また、各府省が公共調達をする際、有利に取り扱われることとなっています。ここでは、このえるぼし認定について詳しくみていきましょう。

（図表1）えるぼしの認定マーク

　えるぼし認定には図表1のとおり3つの段階があり、認定基準を満たしている項目数に応じて取得できる認定の段階が決まります。認定基準とえるぼしの段階別認定基準はそれぞれ図表2、3のとおりです。なお、えるぼしの認定基準は、2020年6月1日に一部改正されますので注意が必要です。

（図表2）認定基準

項目		認定基準
基本的な項目 （どの段階において も基準を満たす必要 がある項目）		事業主行動計画策定指針に則して適切な一般事業主行動計画を定めたこと
		策定した一般事業主行動計画について、適切に公表および労働者への周知をしたこと
		女性活躍推進法および女性活躍推進法に基づく命令その他関係法令※に違反する重大事実がないこと ※男女雇用機会均等法、育児・介護休業法、パートタイム・有期雇用労働法、労働基準法等
評価項目 （5項目）	採用	男女別の採用における競争倍率（応募者数/採用者数）が同程度（※）であること ※『直近3事業年度の平均した「採用における女性の競争倍率」』×0.8が、『直近3事業年度の平均した「採用における男性の競争倍率」』よりも雇用管理区分ごとにそれぞれ低いこと（期間の定めのない労働契約を締結することを目的とするものに限る）注1：2020年6月1日改正予定。下記参照
	継続 就業	①「女性労働者の平均継続勤務年数÷男性労働者の平均継続勤務年数」が雇用管理区分ごとにそれぞれ7割以上であること（期間の定めのない労働契約を締結することを目的とするものに限る） または ②「10事業年度前およびその前後の事業年度に採用された女性労働者の継続雇用割合」÷「10事業年度前およびその前後に採用された男性労働者の継続雇用割合」が雇用管理区分ごとにそれぞれ8割以上であること（期間の定めのない労働契約を締結している労働者かつ新規学卒採用者等に限る）注2：2020年6月1日改正予定。下記参照
	労働時間 等の働き 方	雇用管理区分ごとの労働者の法定時間外労働および法定休日労働時間の合計時間数の平均が直近の事業年度の各月ごとにすべて45時間未満であること 「各月の対象労働者の（法定時間外労働＋法定休日労働）の総時間数の合計」÷「対象労働者数」＜45時間 　これにより難い場合は、 〔「各月の対象労働者の総労働時間数の合計」－「各月の法定労働時間の合計＝（40×各月の日数÷7）×対象労働者数」〕÷〔対象労働者数〕 ＜45時間
	管理職 比率	①管理職に占める女性労働者の割合が別に定める産業ごとの平均値以上であること または ②『直近3事業年度の平均した「課長級より1つ下位の職階にある女性労働者のうち課長級に昇進した女性労働者の割合」÷『直近3事業年度の平均した「課長級より1つ下位の職階にある男性労働者のうち課長級に昇進した男性労働者の割合」が8割以上であること
	多様な キャリア コース	直近の3事業年度のうち、以下について大企業は2項目以上（非正社員がいる場合は必ずAを含むこと）、中小企業は1項目以上の実績を有すること 　A　女性の非正社員から正社員への転換（派遣労働者の場合は雇入れ） 　B　女性労働者のキャリアアップに資する雇用管理区分間の転換 　C　過去に在籍した女性の正社員としての再雇用 　D　おおむね30才以上の女性の正社員としての採用

注1：採用に関する評価について、現行の基準のほか、以下でも可となる
　　　直近の事業年度において、①正社員に占める女性比率が産業ごとの平均値を上回っており、かつ、②正社員の基幹的な雇用管理区分（※1）の女性比率が産業ごとの平均値を上回っていること（※2）（※1）正社員に雇用管理区分を設定しない場合は①のみを満たすことで可　（※2）①、②のそれぞれの産業ごとの平均値が4割を超える場合は4割を上回っていること

注2：現行の基準値を算出できない場合は、以下でも可
　　　直近の事業年度において、正社員の女性労働者の平均継続勤務年数が産業ごとの平均値以上であること

（図表３）えるぼし段階別認定基準

	認定基準
1段階目	・認定基準の基本的な項目すべてと評価項目のうち１つまたは２つの基準を満たし、その実績を「女性の活躍推進企業データベース」に毎年公表していること。
	・満たさない基準については、事業主行動計画策定指針に定められた当該基準に関する取り組み（※）を実施し、その取り組みの実施状況について厚生労働省の女性の活躍推進企業データベースに公表するとともに、2年以上連続してその実績が改善していること。
2段階目	・認定基準の基本的な項目すべてと評価項目のうち３つまたは４つの基準を満たし、その実績を「女性の活躍推進企業データベース」に毎年公表していること。
	・満たさない基準については、事業主行動計画策定指針に定められた当該基準に関する取り組み（※）を実施し、その取り組みの実施状況について厚生労働省の女性の活躍推進企業データベースに公表するとともに、2年以上連続してその実績が改善していること。
3段階目	・認定基準の基本的な項目すべてと評価項目５つの基準すべてを満たし、その実績を厚生労働省の「女性活躍推進企業データベース」に毎年公表していること。

※必ずしも指針に盛り込まれた取り組みに限定されるものではなく、同等以上に自社において効果的と考えられる取り組みであればよい

　えるぼし認定を受けるには行動計画を策定していなければなりませんが、行動計画の数値目標の達成等は認定基準に含まれていません。したがって、行動計画の数値目標を達成しなくても他の要件を満たせば認定を受けることが可能です。認定の申請は各都道府県労働局の雇用環境・均等部（室）に行います（図表４参照）。なお、認定基準の数値の算出の仕方は詳細に定められているので、認定申請をする際は、事前に都道府県労働局の窓口または厚生労働省や労働局のパンフレット等で事前に確認しましょう。

（図表４）基準適合一般事業主認定申請書

基準適合一般事業主認定申請書

申請年月日　　令和　　年　　月　　日

都道府県労働局長　殿

（ふりがな）
一般事業主の氏名又は名称

（ふりがな）
（法人の場合）代表者の氏名　　　　　　　　　印

主 た る 事 業 （大分類：　　　）

※製造業のみ記入（中分類：　　　）

住　　　所　〒

電 話 番 号

女性の職業生活における活躍の推進に関する法律第９条の認定を受けたいので、下記のとおり申請します。

記

１．現在取り組んでいる一般事業主行動計画
　(1)　一般事業主行動計画策定届を届け出た日　　　平成・令和　　年　　月　　日
　(2)　一般事業主行動計画策定届の届出先　　　　　　　　　　　　　労働局長
　(3)　計画期間　平成・令和　　年　　月　　日　　～　　令和　　年　　月　　日
２．常時雇用する労働者の数　　　　　　　　　　　　　人
　　　男性労働者の数　　　　　　　　　　　　　　　　人
　　　女性労働者の数　　　　　　　　　　　　　　　　人
３．女性の職業生活における活躍に関する状況（直近の事業年度をXとする。以下同じ。）
　(1)　採用に関する状況（ⅰ又はⅱのうちいずれかを記入）
　　（ⅰ）男女別の採用における競争倍率
　　　①直近の３事業年度の男女別の採用における競争倍率（記載要領７を参照）

直近の３事業年度の平均	雇用管理区分	女性の競争倍率(A)	男性の競争倍率(B)	(A)×0.8＝(C)
(x)年度～(X-2)年度の平均				

　　　②（①の(C)が(B)以上の事業主のみ記入）

	雇用管理区分	女性の競争倍率(A)	男性の競争倍率(B)	(B)/(A)
(x)年度～(X-2)年度の平均				
①の前年度までの３事業年度の平均 (X-1)年度～(X 3)年度の平均				
①の前々年度までの３事業年度の平均 (X-2)年度～(X-4)年度の平均				

認定申請の担当部局名	
（ふりがな）担当者の氏名	

（ⅱ）女性労働者の割合（①及び②いずれも記入。通常の労働者に雇用管理区分を設定していない場合は、①のみを記入。）（記載要領8を参照）
　① 通常の労働者に占める女性労働者の割合
　　（イ）直近の事業年度の通常の労働者に占める女性労働者の割合

直近の事業年度	通常の労働者に占める 女性労働者の割合(A)	産業平均値(B)
(X)年度		

　　（ロ）（①の(A)が(B)未満（又は4割未満）の事業主のみ記入）

①の直前の 2事業年度	通常の労働者に占める 女性労働者の割合(A)	
(X-1)年度		
(X-2)年度		

　② 通常の労働者の基幹的な雇用管理区分における通常の労働者に占める女性労働者の割合
　　（イ）直近の事業年度の通常の労働者の基幹的な雇用管理区分における通常の労働者に占める女性労働者の割合

直近の事業年度	基幹的な 雇用管理区分	通常の労働者に 占める女性労働者 の割合(A)	産業平均値(B)
(X)年度			

　　（ロ）（①の(A)が(B)未満（又は4割未満）の事業主のみ記入）

①の直前の 2事業年度	基幹的な 雇用管理区分	通常の労働者に 占める女性労働者 の割合(A)
(X-1)年度		
(X-2)年度		

(2) 継続就業に関する状況（ⅰ又はⅱのうちいずれかを記入。ⅱは、ⅰで定める割合を算出することができない場合に限る。）
　（ⅰ）男女別の平均継続勤務年数（①又は②のうちいずれかを記入）
　　① 男女別の平均継続勤務年数（記載要領9を参照）
　　　（イ）直近の事業年度における男女別の平均継続勤務年数

直近の事業年度	雇用管理区分	女性の平均継続 勤務年数(A)	男性の平均継続 勤務年数(B)	(A)/(B)=(C)
(X)年度				

（ロ）（①の(C)が0.7未満の事業主のみ記入）

①の直前の2事業年度	雇用管理区分	女性の平均継続勤続年数(A)	男性の平均継続勤務年数(B)	(A)/(B)=(C)
(X-1)年度				
(X-2)年度				

② 男女別の継続雇用割合（記載要領10を参照）
（イ）直近の事業年度における10事業年度前及びその前後の事業年度に採用した労働者の男女別の継続雇用割合

直近の事業年度	雇用管理区分	女性の継続雇用割合(A)	男性の継続雇用割合(B)	(A)/(B)=(C)
(X)年度				

（ロ）（①の(C)が0.8未満の事業主のみ記入）

①の直前の2事業年度	雇用管理区分	女性の継続雇用割合(A)	男性の継続雇用割合(B)	(A)/(B)=(C)
(X-1)年度				
(X-2)年度				

（ⅱ）女性労働者の平均継続勤務年数（記載要領11を参照）
① 直近の事業年度の女性の通常の労働者の平均継続勤務年数

直近の事業年度	女性の通常の労働者の平均継続勤務年数(A)		産業平均値(B)
(X)年度			

② （①の(A)が(B)未満の事業主のみ記入）

①の直前の2事業年度	女性の通常の労働者の平均継続勤務年数(A)
(X-1)年度	
(X-2)年度	

(3) 時間外労働及び休日労働に関する状況
　① 直近の事業年度における労働者一人当たりの各月ごとの時間外労働及び休日労働の合計時間数

直近の事業年度	雇用管理区分	各月の時間外労働及び休日労働の時間数					
(X)年度		1月	2月	3月	4月	5月	6月
		7月	8月	9月	10月	11月	12月
		1月	2月	3月	4月	5月	6月
		7月	8月	9月	10月	11月	12月

　② （①の時間外労働及び休日労働の合計時間数が45時間以上の月がある事業主のみ記入）

①を含む直近の3事業年度	雇用管理区分	時間外労働及び休日労働の時間数が月45時間以上の月数	一人当たりの時間外労働及び休日労働の一月当たりの時間数
(X)年度 (※①の事業年度)			
(X-1)年度			
(X-2)年度			

(4) 管理職に関する状況（ⅰ又はⅱのうちいずれかを記入）
（ⅰ）管理職に占める女性労働者の割合（記載要領12、13を参照）
　① 直近の事業年度における管理職に占める女性労働者の割合

直近の事業年度	管理職に占める女性労働者の割合	産業平均値
(X)年度		

　② （①の割合が産業平均値未満である事業主のみ記入）

①の直前の2事業年度	管理職に占める女性労働者の割合
(X-1)年度	
(X-2)年度	

（ⅱ）課長級より一つ下の職階から課長級に昇進した割合（記載要領14を参照）
　① 直近の3事業年度における男女別の課長級より一つ下の職階から課長級に昇進した割合

直近の3事業年度	女性の昇進割合(A)	男性の昇進割合(B)	(A)/(B)=(C)
(X)年度～ (X-2)年度の平均			

② (①の（C）が0.8未満である事業主のみ記入)

	女性の昇進割合（A）	男性の昇進割合（B）	(A)/(B)=(C)
①の前年度までの 3事業年度の平均 (X-1)年度～ (X-3)年度の平均			
①の前々年度までの 3事業年度の平均 (X-2)年度～ (X-4)年度の平均			

(5) 多様なキャリアコースに関する状況（記載要領15を参照）
直近の事業年度における通常の労働者への転換等、中途採用及び再雇用の状況

直近の3事業年度	実施した措置	人数
(X)年度～ (X-2)年度	ア　通常の労働者への転換、派遣労働者の雇入れ	
	イ　キャリアアップに資するような雇用管理区分間の転換	
	ウ　女性の通常の労働者としての再雇用 （定年後の再雇用を除く。）	
	エ　おおむね30歳以上の女性の通常の労働者としての中途採用	

4. 3において基準を満たした項目について当該実績を公表した日（該当するもののみを記入）

項目名	実績を厚生労働省のウェブサイトに公表した日
(1) 採用に関する状況	平成・令和　　　年　　月　　日
(2) 継続就業に関する状況	平成・令和　　　年　　月　　日
(3) 時間外労働及び休日労働に関する状況	平成・令和　　　年　　月　　日
(4) 管理職に関する状況	平成・令和　　　年　　月　　日
(5) 多様なキャリアコース	平成・令和　　　年　　月　　日

5. 3において基準を満たさなかった項目に係る取組の実施状況を公表した日（該当するもののみを記入）

項目名	措置の分類（3(5)のアからエまでの該当する措置を記入）	取組状況を厚生労働省のウェブサイトに公表した日
(1) 採用に関する状況		平成・令和　　年　　月　　日
(2) 継続就業に関する状況		平成・令和　　年　　月　　日
(3) 時間外労働及び休日労働に関する状況		平成・令和　　年　　月　　日
(4) 管理職に関する状況		平成・令和　　年　　月　　日
(5) 多様なキャリアコース		平成・令和　　年　　月　　日 平成・令和　　年　　月　　日

（注）次の①から④までの書類を添付すること。
① 計画期間に申請年月日を含む一般事業主行動計画の写し
② ①の行動計画の労働者への周知及び公表を行っていることを明らかにする書類（公表先のウェブサイトの画面を印刷した書類等）であってその日付が分かるもの
③ 3の実績を明らかにする書類（都道府県労働局長が求める資料の写し）
④ 4及び5の公表を明らかにする書類（公表先の厚生労働省のウェブサイトの画面を印刷した書類）であってその日付が分かるもの

様式第一号（第七条関係）（第六面）
（記載要領）
1．「申請年月日」欄は、都道府県労働局長に基準適合一般事業主認定申請書を提出する年月日を記載すること。
2．「一般事業主の氏名又は名称、代表者の氏名、主たる事業、住所及び電話番号」欄は、氏名については名称、代表者の氏名、主たる事業、住所及び電話番号により記載すること。主たる事業については、日本標準産業分類に掲げる大分類（製造業にあっては、大分類及び中分類）を記載すること。代表者の氏名については、記名押印又は自筆による署名のいずれかにより記載すること。一般事業主が法人の場合にあっては、住所については主たる事務所の所在地を、電話番号については主たる事務所の電話番号を記載すること。
3．「1．(1)一般事業主行動計画策定届を届け出た日」欄は、計画期間に申請年月日を含む一般事業主行動計画について、都道府県労働局長に一般事業主行動計画策定届（以下「届出書」という。）を提出した年月日を記載すること。
4．「1．(2)一般事業主行動計画策定届の届出先」欄は、3の届出書を提出した都道府県労働局長の都道府県名を記載すること。
5．「1．(3)計画期間」欄は、3の一般事業主行動計画の期間の初日及び末日を記載すること。
6．「3．女性の職業生活における活躍に関する状況」欄については、
　(1)　記載欄が足りない場合には、該当する内容を別紙に記載して提出すること。
　(2)　雇用管理区分の名称は、通常事業所において称している名称を記載すれば足りること。なお、同一の雇用管理区分に属する労働者の数が、事業主が雇用する労働者の数のおおむね一割に満たない雇用管理区分がある場合は、職務の内容等に照らし、類似の雇用管理区分と合わせて算出することができること（雇用形態が異なる場合を除く。）。
7．「3．(1)採用に関する状況」欄の「競争倍率」とは、労働者の募集（期間の定めのない労働契約を締結する労働者を雇い入れることを目的とするものに限る。）に対する応募者の数を当該募集で採用した労働者の数で除して得た数をいうこと。
8．「3．(1)(ⅱ)女性労働者の割合」欄の「産業平均値」とは、日本標準産業分類に掲げる大分類（製造業にあっては、大分類及び中分類）を元に厚生労働省雇用環境・均等局長が別に定める産業ごとの通常の労働者に占める女性労働者の割合の平均値をいうこと。
9．「3．(2)(ⅰ)① 男女別の平均継続勤務年数」欄は、期間の定めのない労働契約を締結している労働者の平均継続勤務年数を記載すること。
10．「3．(2)(ⅰ)② 男女別の継続雇用割合」欄の「継続雇用割合」とは、対象事業年度から見て 10 事業年度前及びその前後の事業年度に採用した労働者（新規学卒等として雇い入れたものであって、期間の定めのない労働契約を締結している労働者に限る。）の数に対する当該労働者であって対象事業年度において引き続き雇用されているものの数の割合をいうこと。
11．「3．(2)(ⅱ)女性労働者の平均継続勤務年数」欄の「産業平均値」とは、日本標準産業分類に掲げる大分類（製造業にあっては、大分類及び中分類）を元に厚生労働省雇用環境・均等局長が別に定める産業ごとの通常の労働者に占める女性労働者の割合の平均値をいうこと。
12．「3．(4)管理職に関する状況」欄の「管理職」とは、「課長級」及びそれより上位の役職にある労働者をいうこと。また、「課長級」とは、次の①又は②に該当する者をいうこと。
　① 事業所で通常「課長」と呼ばれている者であって、その組織が2つの係以上からなり、若しくは、その構成員が 10 人以上（課長を含む。）のものの長
　② 同一事業所において、課長の他に、呼称、構成員に関係なく、その職務の内容及び責任の程度が「課長」に相当する者

13. 「3.（4）（ⅰ）管理職に占める女性労働者の割合」欄の「産業平均値」とは、日本標準産業分類に掲げる大分類（製造業にあっては、大分類及び中分類）を元に厚生労働省雇用環境・均等局長が別に定める産業ごとの管理職に占める女性労働者の割合の平均値をいうこと。

14. 「3.（4）（ⅱ）課長級より一つ下の職階から課長級に昇進した割合」欄の「課長級より一つ下の職階から課長級に昇進した割合」とは、各事業年度の開始の日に課長級より一つ下の職階にあった労働者の数に対する当該各事業年度において課長級に昇進した労働者の数の割合をいうこと。

15. 「3.（5）多様なキャリアコースに関する状況」欄は、該当する措置を〇で囲み、該当人数を記載すること。また、常時雇用する労働者の数が 300 人以下の事業主については、アからエまでのうち1つ以上の事項、常時雇用する労働者の数が301 人以上の事業主については、アからエまでのうち2つ以上の事項（通常の労働者以外の労働者を雇用し、又は労働者派遣の役務の提供を受ける事業主にあっては、アを必ず含む。）について記載する必要があること。

（図表５）基準適合認定一般事業主認定申請書

（A4）

基準適合認定一般事業主認定申請書

申請年月日　　　令和　　年　　月　　日

都道府県労働局長　殿

（ふりがな）
一般事業主の氏名又は名称

（ふりがな）
（法人の場合）代表者の氏名　　　　　　　　　　印

主 た る 事 業　（大分類：　　　　）

※製造業のみ記入（中分類：　　　　）

住　　　所 〒

電 話 番 号

　女性の職業生活における活躍の推進に関する法律（以下「女性活躍推進法」という。）第12条の認定を受けたいので、下記のとおり申請します。

記

１．策定・実施した一般事業主行動計画について
　(1) 一般事業主行動計画策定届を届け出た日　平成・令和　　年　　月　　日
　(2) 一般事業主行動計画策定届の届出先　　　　　　　　　　労働局長
　(3) 計画期間 平成・令和　　年　　月　　日 ～ 令和　　年　　月　　日

２．女性活躍推進法第９条の認定（えるぼし認定）を受けた日及び認定を受けた労働局
　　　　　　　　　　平成・令和　　年　　月　　日 ・　　　　　　労働局

３．常時雇用する労働者の数　　　　　　　　人
　　┌ 男性労働者の数　　　　　　　　　　　人
　　└ 女性労働者の数　　　　　　　　　　　人

４．一般事業主行動計画において達成しようとした目標及びその達成状況（第五面に記載すること）

５．男女雇用機会均等推進者の選任状況

(1)所属部課	
(2)役職名	

６．職業家庭両立推進者の選任状況

(1)所属部課	
(2)役職名	

認定申請の担当部局名	
（ふりがな） 担当者の氏名	

7．女性の職業生活における活躍に関する状況（直近の事業年度をXとする。以下同じ。）
  (1) 採用に関する状況（ⅰ又はⅱのうちいずれかを記入）（記載要領9を参照）
    (ⅰ) 直近の3事業年度の男女別の採用における競争倍率

直近の3事業 年度の平均	雇用管理区分	女性の競争倍率 (A)	男性の競争倍率 (B)	(A)×0.8＝(C)
(X)年度～ (X-2)年度の平均				

    (ⅱ) 通常の労働者に占める女性労働者の割合（①及び②いずれも記入。通常の労働者に
        雇用管理区分を設定していない場合は、①のみ記入。）（記載要領10を参照）
      ① 直近の事業年度の通常の労働者に占める女性労働者の割合

直近の事業年度	通常の労働者に占める 女性労働者の割合(A)	産業平均値(B)
(X)年度		

      ② 直近の事業年度の通常の労働者の基幹的な雇用管理区分における通常の労働者に占
        める女性労働者の割合

直近の事業年度	基幹的な 雇用管理区分	通常の労働者に占め る女性労働者の割合 (A)	産業平均値(B)
(X)年度			

  (2) 継続就業に関する状況（ⅰ又はⅱのうちいずれかを記入。ⅱは、ⅰで定める割合を算出
      することができない場合に限る。）
    (ⅰ) 男女別の平均継続勤務年数及び男女別の継続雇用割合（①又は②のうちいずれかを記
        入）（記載要領11を参照）
      ① 直近の事業年度における男女別の平均継続勤務年数

直近の事業年度	雇用管理区分	女性の平均継続 勤務年数(A)	男性の平均継続 勤務年数(B)	(A)／(B)＝(C)
(X)年度				

      ② 直近の事業年度における10事業年度前及びその前後の事業年度に採用した労働者の
        男女別の継続雇用割合（記載要領12を参照）

直近の事業年度	雇用管理区分	女性の継続雇用 割合(A)	男性の継続雇用 割合(B)	(A)／(B)＝(C)
(X)年度				

    (ⅱ) 直近の事業年度の女性の通常の労働者の平均継続勤務年数（記載要領13を参照）

直近の事業年度	女性の通常の労働者の 平均継続勤務年数(A)	産業平均値(B)
(X)年度		

(3) 直近の事業年度における労働者一人当たりの各月ごとの時間外労働及び休日労働の合計時間数

直近の事業年度	雇用管理区分	各月の時間外労働及び休日労働の時間数					
(X)年度		1月	2月	3月	4月	5月	6月
		7月	8月	9月	10月	11月	12月
		1月	2月	3月	4月	5月	6月
		7月	8月	9月	10月	11月	12月

(4) 管理職に関する状況（記載要領14を参照）
(i) 直近の事業年度における管理職に占める女性労働者の割合等（記載要領15を参照）

直近の事業年度	管理職に占める女性労働者の割合(A)	産業平均値	産業平均値の1.5倍の値(B)
(X)年度			

(ii) 直近の3事業年度における男女別の課長級より一つ下の職階から課長級に昇進した割合（(i)の(B)が15％以下である事業主のみ記入）（記載要領16を参照）

直近の3事業年度	女性の昇進割合(C)	男性の昇進割合(D)	(C)/(D)=(E)
(X)年度〜(X-2)年度の平均			

(iii) （(i)の(B)が40％以上である事業主のみ記入）

直近の事業年度	通常の労働者に占める女性労働者の割合(F)	(G)×0.8
(X)年度		

(5) 多様なキャリアコースに関する状況（記載要領17を参照）
直近の事業年度における通常の労働者への転換等、中途採用及び再雇用の状況

直近の3事業年度	実施した措置		人数
(X)年度〜(X-2)年度	ア	通常の労働者への転換、派遣労働者の雇入れ	
	イ	キャリアアップに資するような雇用管理区分間の転換	
	ウ	女性の通常の労働者としての再雇用（定年後の再雇用を除く。）	
	エ	おおむね30歳以上の女性の通常の労働者としての中途採用	

8．女性の職業生活における活躍に関する情報の公表（記載要領18を参照）
　(1) 女性労働者に対する職業生活に関する機会の提供に関する実績

情報公表項目	公表の有無
ア　採用した労働者に占める女性労働者の割合（区）	有・無
イ　男女別の採用における競争倍率（区）	有・無
ウ　労働者に占める女性労働者の割合（区）（派）	有・無
エ　係長級にある者に占める女性労働者の割合	有・無
オ　管理職に占める女性労働者の割合	有・無
カ　役員に占める女性の割合	有・無
キ　男女別の職種又は雇用形態の転換の実績（区）（派）	有・無
ク　男女別の再雇用又は中途採用の実績	有・無

　(2) 労働者の職業生活と家庭生活との両立に資する雇用環境の整備に関する実績

情報公表項目	公表の有無
ア　男女の平均継続勤務年数の差異	有・無
イ　10事業年度前及びその前後の事業年度に採用された労働者の男女別の継続雇用割合	有・無
ウ　男女別の育児休業取得率（区）	有・無
エ　労働者一人当たりの1月当たりの平均残業時間	有・無
オ　労働者一人当たりの1月当たりの平均残業時間（区）（派）	有・無
カ　有給休暇取得率	有・無
キ　有給休暇取得率（区）	有・無

　　(注1)　「（区）」の表示のある項目については、雇用管理区分ごとに把握を行う必要が
　　　　あるもの。
　　(注2)　「（派）」の表示のある項目については、労働者派遣の役務の提供を受ける場合
　　　　には、派遣労働者を含めて把握を行う必要があるもの。

9．雇用管理区分ごとの男女の賃金の差異の状況の把握（記載要領19を参照）
　(1) 雇用管理区分ごとの男女の賃金の差異の状況の把握の有無　　　[　有　・　無　]
　(2) 雇用管理区分ごとの男女の賃金の差異の状況を把握した日　令和　　年　　月　　日

(注) 次の①から⑤までの書類を添付すること。
①　策定・実施した一般事業主行動計画の写し
②　一般事業主行動計画に定めた目標が達成されたことを明らかにする書類
③　①の行動計画の労働者への周知及び公表を行っていることを明らかにする書類（公表先のウ
　　ェブサイトの画面を印刷した書類等）であってその日付が分かるもの
④　7の実績を明らかにする書類（都道府県労働局長が求める資料の写し）
⑤　8の公表を明らかにする書類（公表先の厚生労働省のウェブサイトの画面を印刷した書類）
　　であってその日付が分かるもの

146

様式第二号（第九条の二関係）（第五面）

女性活躍推進のための取組の実施により 達成しようとした目標	目標の達成状況

様式第二号（第九条の二関係）（第六面）

（記載要領）

1．「申請年月日」欄は、都道府県労働局長に基準適合認定一般事業主認定申請書（以下「特例認定申請書」という。）を提出する年月日を記載すること。

2．「一般事業主の氏名又は名称、代表者の氏名、主たる事業、住所及び電話番号」欄は、氏名については、記名押印又は自筆による署名のいずれかにより記載すること。主たる事業については、日本標準産業分類に掲げる大分類（製造業にあっては、大分類及び中分類）を記載すること。代表者の氏名については、記名押印又は自筆による署名のいずれかにより記載すること。一般事業主が法人の場合にあっては、住所については主たる事務所の所在地を、電話番号については主たる事務所の電話番号を記載すること。

3．「1．（1）一般事業主行動計画策定届を届け出た日」欄は、申請年月日の直近に計画期間が終了した一般事業主行動計画について、都道府県労働局長に一般事業主行動計画策定届（以下「届出書」という。）を提出した年月日を記載すること。

4．「1．（2）一般事業主行動計画策定届の届出先」欄は、3の届出書を提出した都道府県労働局長の都道府県名を記載すること。

5．「1．（3）計画期間」欄は、3の一般事業主行動計画の期間の初日及び末日を記載すること。

6．「2．女性活躍推進法第9条の認定（えるぼし認定）を受けた日及び認定を受けた労働局」欄は、都道府県労働局長から認定通知を受けた年月日及び認定を受けた労働局名を記載すること。

7．「5．男女雇用機会均等推進者の選任状況」及び「6．職業家庭両立推進者の選任状況」欄は、雇用の分野における男女の均等な機会及び待遇の確保等に関する法律（昭和47年法律第113号）第13条の2に規定する業務を担当する者及び育児休業、介護休業等育児又は家族介護を行う労働者の福祉に関する法律（平成3年法律第76号）第29条に規定する業務を担当する者の所属部課及び役職名を記載すること。

8．「7．女性の職業生活における活躍に関する状況」欄については、

（1）記載欄が足りない場合には、該当する内容を別紙に記載して提出すること。

（2）雇用管理区分の名称は、通常事業所において称している名称を記載すれば足りること。なお、同一の雇用管理区分に属する労働者の数が、事業主が雇用する労働者の数のおおむね一割に満たない雇用管理区分がある場合は、職務の内容等に照らし、類似の雇用管理区分と合わせて算出することができること（雇用形態が異なる場合を除く。）。

9．「7．（1）採用に関する状況」欄の「競争倍率」とは、労働者の募集（期間の定めのない労働契約を締結する労働者を雇い入れることを目的とするものに限る。）に対する応募者の数を当該募集で採用した労働者の数で除して得た数をいうこと。

10．「7．(1)(ii)通常の労働者に占める女性労働者の割合」欄の産業平均値とは、日本標準産業分類に掲げる大分類（製造業にあっては、大分類及び中分類）を元に厚生労働省雇用環境・均等局長が別に定める産業ごとの通常の労働者に占める女性労働者の割合の平均値をいうこと。

11．「7．(2)(i)男女別の平均継続勤務年数及び男女別の継続雇用割合」欄は、期間の定めのない労働契約を締結している労働者の平均継続勤務年数を記載すること。

12．「7．(2)(i)②直近の事業年度における10事業年度前及びその前後の事業年度に採用した労働者の男女別の継続雇用割合」欄の「継続雇用割合」とは、対象事業年度から見て10事業年度前及びその前後の事業年度に採用した労働者（新規学卒等として雇い入れたものであって、期間の定めのない労働契約を締結している労働者に限る。）の数に対する当該労働者であって対象事業年度において引き続き雇用されているものの数の割合をいうこと。

13. 「7．(2)(ⅱ) 直近の事業年度の女性の通常の労働者の平均継続勤務年数」欄の「産業平均値」とは、日本標準産業分類に掲げる大分類（製造業にあっては、大分類及び中分類）を元に厚生労働省雇用環境・均等局長が別に定める産業ごとの通常の労働者に占める女性労働者の割合の平均値をいうこと。

14. 「7．(4) 管理職に関する状況」欄の「管理職」とは、「課長級」及びそれより上位の役職にある労働者をいうこと。また、「課長級」とは、次の①又は②に該当する者をいうこと。

① 事業所で通常「課長」と呼ばれている者であって、その組織が2つの係以上からなり、若しくは、その構成員が10人以上（課長を含む。）のものの長

② 同一事業所において、課長の他に、呼称、構成員に関係なく、その職務の内容及び責任の程度が「課長」に相当する者

15. 「7．(4)(ⅰ) 直近の事業年度における管理職に占める女性労働者の割合等」欄の「産業平均値」とは、日本標準産業分類に掲げる大分類（製造業にあっては、大分類及び中分類）を元に厚生労働省雇用環境・均等局長が別に定める産業ごとの管理職に占める女性労働者の割合の平均値をいうこと。

16. 「7．(4)(ⅱ) 直近の3事業年度における男女別の課長級より一つ下の職階から課長級に昇進した割合」欄の「課長級より一つ下の職階から課長級に昇進した割合」とは、各事業年度の開始の日に課長級より一つ下の職階にあった労働者の数に対する当該各事業年度において課長級に昇進した労働者の数の割合をいうこと。

17. 「7．(5) 多様なキャリアコースに関する状況」欄は、該当する措置を〇で囲み、該当人数を記載すること。また、常時雇用する労働者の数が300人以下の事業主については、アからエまでのうち1つ以上の事項、常時雇用する労働者の数が301人以上の事業主については、アからエまでのうち2つ以上の事項（通常の労働者以外の労働者を雇用し、又は労働者派遣の役務の提供を受ける事業主にあっては、アを必ず含む。）について記載する必要があること。

18. 「8．女性の職業生活における活躍に関する情報の公表」欄は、各項目について、公表している場合は「有」を、公表していない場合は「無」を〇で囲むこと。

19. 「9．雇用管理区分ごとの男女の賃金の差異の状況の把握」欄は、雇用管理区分ごとの男女の賃金の差異の状況を把握した場合は、(1)の「有」を〇で囲み、(2)に雇用管理区分ごとの男女の賃金の差異の状況を把握した年月日を記載すること。雇用管理区分ごとの男女の賃金の差異の状況を把握しなかった場合は、(1)の「無」を〇で囲むこと。

（2）プラチナえるぼし認定

　第1章でみたとおり、2020年6月1日に現行のえるぼし認定より
さらに水準の高い「プラチナえるぼし認定」が新たに創設されます。
認定基準についてはまだ詳細が明らかになっていない部分もあります
が、現時点で公表されている内容は以下の通りです（赤字部分はえる
ぼし認定基準との違い）。

1　一般事業主行動計画に関する基準
　・事業主行動計画策定指針に則して適切な一般事業主行動計画
　　を定めたこと
　・策定した一般事業主行動計画について、適切に公表および労
　　働者への周知をしたこと
　・策定した一般事業主行動計画（※）に基づく取り組みを実施
　　し、行動計画に定められた目標を達成したこと
　　※プラチナえるぼし認定の申請の日の直近に計画期間が終了
　　　した行動計画（計画期間は2〜5年）が対象。当該行動計
　　　画については途中で容易に達成できる目標に変更していな
　　　いこと

2　男女雇用機会均等推進者等の選任
　・男女雇用機会均等推進者および職業家庭両立推進者を選任し
　　ていること

3　女性活躍推進の取り組みの実施状況
　▶採用：えるぼし認定基準と同様の基準
　▶継続就業：以下のとおりとする

　・「女性労働者の平均継続勤務年数÷男性労働者の平均継続
　　勤務年数」が雇用管理区分ごとにそれぞれ8割（えるぼし：
　　7割）以上であること（期間の定めのない労働契約を締結
　　している労働者に限る）
　または
　・「10事業年度前およびその前後の事業年度に採用された女
　　性労働者のうち継続して雇用されている者の割合」÷「10
　　事業年度前およびその前後に採用された男性労働者のうち
　　継続して雇用されている者の割合」が雇用管理区分ごとに
　　それぞれ9割（えるぼし：8割）以上であること（期間の
　　定めのない労働契約を締結している労働者かつ新規学卒採
　　用者等に限る）

▶労働時間等の働き方：えるぼし認定基準と同様

▶管理職比率：管理職に占める女性労働者の割合が産業ごとの
平均値の1.5倍以上であること
　ただし、1.5倍後の数値が、
　・15%以下である場合は、15%（※）以上であること
　　※直近3事業年度の平均した「課長級より1つ下位の職階にある女
　　　性労働者のうち課長級に昇進した女性労働者の割合」÷「課長級
　　　より1つ下位の職階にある男性労働者のうち課長級に昇進した男
　　　性労働者の割合」が10割以上である場合は、産業計の平均値

　・40%以上である場合は、その企業の正社員に占める女性
　　比率の8割（※）以上であること
　　※当該数値が40%以下である場合は40%

▶多様なキャリアコース：えるぼし認定基準と同様

▶女性活躍推進に関する情報公表の状況：省令で定める情報公
表項目（社内制度の概要を除く）のうち8項目以上を厚生労

働省のウェブサイトで公表していること

4　その他

▶雇用管理区分ごとの男女の賃金の差異の状況について把握したこと

▶次のいずれにも該当しないこと

・プラチナえるぼし認定を取り消され、または辞退の申出を行い、その取り消しまたは辞退の日から3年を経過しないこと（当該辞退の日前に基準に該当しないことにより、辞退の申出をした場合を除く）

・職業安定法施行令（昭和28年政令第242号）第1条で定める規定の違反に関し、法律に基づく処分、公表その他の措置が講じられたこと

・法または法に基づく命令その他関係法令に違反する重大な事実があること

　認定基準のとおり、プラチナえるぼし認定は、行動計画の目標達成が条件であったり、基準もえるぼし認定より厳しくなっており、今後えるぼし3段階目の認定を受けている企業の目標となっていくものと思われます。

　女性活躍推進を進めるにあたって、えるぼし認定は外に向けて女性が活躍する会社であることをアピールできるだけでなく、社内にえるぼし認定という目標ができることで、推進体制の強化も見込めます。認定取得を目指し、えるぼしやプラチナえるぼし認定等の認定基準を数値目標とするのも一つの方法です。行動計画策定とあわせて、ぜひ認定を取得しましょう。

第 **3** 章

事 例 編

行動計画策定事例1：N社の例

N社の概要

　N社は創業50年の紙の専門商社で、社員数は約200名。コース別雇用管理（総合職と一般職）を行っている。毎年女性総合職を採用しているが、多くが結婚等を理由に退職してしまう。一般職は勤務年数が長く、育児休業取得率はほぼ100％。復帰後も長く勤めている社員が多い。

会社の基本データ

【業種】：卸売業

【企業規模】：205人

【従業員構成】：男性　149人　　女性　56人

　　≪内訳≫　総合職　　（男性）　132人　　（女性）　　8人

　　　　　　　一般職　　（男性）　　0人　　（女性）　42人

　　　　　　　契約社員　（男性）　17人　　（女性）　　6人

（1）状況把握（基礎4項目の結果）

採用した 労働者	雇用管理 区分	採用者数（中途採用含む）			割合（A/B）
		男性	女性（A）	男女計（B）	
	総合職	9人	2人	11人	18%
	一般職	0人	3人	3人	100%
	契約社員	3人	0人	3人	0%

平均継続勤務 年数	雇用管理区分	男性	女性
	総合職	15.6年	4.8年
	一般職	―（対象者0人）	12.4年
	契約社員	6.5年	―（対象者0人）

各月 の 平均 残業 時間	月	4月	5月	6月	7月	8月	9月	10月	11月	12月	1月	2月	3月
	時間 数 （H）	24.5	22.0	23.3	21.6	19.5	24.2	25.5	28.6	32.4	36.8	35.2	28.2

課長級以上の 役職者	男性	女性（A）	男女計（B）	割合（A/B）
	23人	1人	24人	4%

（2）タイプ別診断

N社チェックリスト結果

1．職場の意識改革	評価記入欄
① 女性活躍推進にトップ（経営陣）の強いコミットがある 【点数】 ある：2　　ない：0	0
② 就業規則等にハラスメント禁止の規定を設け、相談窓口を設置している 【点数】 実施している：2　　実施していない：0	2
③ お茶くみ等、必要性がないのに女性のみが行っている仕事はない（固定的性別役割分担がない） 【点数】 ない：2　　ある：0	2
④ ハラスメント（セクハラ、マタハラ、パワハラ）防止の研修または周知啓発を行っている 【点数】 実施している：1　　実施していない：0	1
⑤ 女性にキャリア意識醸成のための研修を行っている 【点数】 実施している：1　　実施していない：0	1
⑥ 管理職に対し、女性部下に対する両立支援、育成の意識啓発（研修等）を行っている 【点数】 実施している：1　　実施していない：0	0
⑦ 男性の育児参加、育児休業取得を促す取り組みを実施している 【点数】 実施している：1　　実施していない：0	0
1．小計	6

2．女性のキャリアアップ	評価記入欄
① 課長以上の管理職の女性比率が20％以上だ 【点数】 20％以上：5　　10％以上20％未満：3　　10％未満：0	0
② 将来的なキャリアを見据えた研修等の教育訓練を男女区別なく行っている 【点数】 行っている：1　　行っていない：0	0
③ 責任は重いが将来のキャリアにつながる仕事を女性にも割り振っている（仕事の割り振りに男女差がない） 【点数】 実施している：1　　実施していない：0	0
④ 結婚、出産、育児・介護休業の取得が、昇進・昇格の妨げにならない、またはそのように配慮している 【点数】 実施している：1　　実施していない：0	1
⑤ 管理職手前の女性を対象とした管理職養成等を目的とした研修等を行っている 【点数】 実施している：1　　実施していない：0	0
⑥ 女性のキャリアアップ（管理職登用等）に向けた積極的な育成を管理職に指導している 【点数】 実施している：1　　実施していない：0	1
2．小計	2

3．働き方改革	評価記入欄
① 労働者の各月ごとの平均残業時間数等の労働時間の状況がすべて30時間未満だ 【点数】 すべて30時間未満：4　　すべて45時間未満の範囲：3　45時間を超える月があった：0	3
② 年次有給休暇の平均取得率は70％以上だ 【点数】 70％以上：2　　50％以上70％未満の範囲：1　　50％未満：0	1
③ 在宅勤務制度（またはテレワーク全般）を導入し、恒常的な利用実績がある 【点数】 恒常的な利用実績がある：1　　制度を導入していないまたは利用実績がほとんどない：0	0
④ フレックスタイム制等、労働時間を柔軟に運用できる制度を導入している 【点数】 制度を導入している：1　　制度を導入していない（対象労働者がいない場合を含む）：0	1
⑤ ノー残業デーや業務の見直し等、時間外労働を減らすための具体的な取り組みを行っている 【点数】 実施している：1　　実施していない：0	1
⑥ 年次有給休暇の取得を促進するための具体的な取り組みを行っている 【点数】 実施している：1　　実施していない：0	1
3．小計	7

4．両立支援	評価記入欄
① 正社員（雇用管理区分※がある場合は区分ごと）の男女の平均継続勤務年数の差異は70％以上だ 　注：平均継続勤続年数の差異＝女性労働者の平均継続勤務年数÷男性労働者の平均継続勤務年数 【点数】70％以上：2　　一部70％未満の区分あり：1　　70％未満：0	1
② 直近1年の正社員（雇用管理区分※がある場合は区分ごと）の女性の育児休業取得率はすべて70％以上だ 　注：育児休業取得率＝育児休業を取得した人数÷出産した人数。対象者がいない場合は70％未満とする 【点数】70％以上：2　　一部70％未満の区分あり：1　　70％未満：0	1
③ 直近3年で7歳未満の子を持つ女性労働者の離職率が1割未満だ 【点数】1割未満：2　　1割以上：0　　対象者がいない：0	2
④ 必要に応じ妊娠中の女性に対して労働時間や健康管理等の配慮を行っている 【点数】実施している：1　　実施していない（対象者がいない場合を含む）：0	1
⑤ 子の学校行事、急病等に対して対応しやすい職場体制（業務の共有等）を整えている 【点数】実施している：1　　実施していない（対象者がいない場合を含む）：0	0
⑥ 男性の育児休業または配偶者出産前後の休暇取得の実績がある 【点数】実績あり：1　　実績なし：0	0
⑦ 育児・介護休業等の両立支援制度を周知する取り組みをしている （例：リーフレット配布、妊娠中の女性に対する個別の説明、研修等での周知） 【点数】実施している：1　　実施していない：0	0
4．小計	5

5．人事制度	評価記入欄
① 正社員（雇用管理区分※がある場合は区分ごと）の採用に占める女性労働者の割合がすべて40％以上だ 【点数】40％以上：3　　一部40％未満：1　　40％未満：0	1
② 正社員（雇用管理区分※がある場合は区分ごと）における女性労働者の割合は30％以上だ 【点数】30％以上：2　　30％未満：0	0
③ 正社員（雇用管理区分※がある場合は区分ごと）の勤続年数（入社後5、10年、15年）ごとの男女の賃金差は80％以上だ 　注：男女の賃金差＝女性労働者の賃金の平均÷男性労働者の賃金の平均 【点数】80％以上：2　　一部または全部80％未満：0	0
④ 部門（営業、生産開発、研究開発等）により男女の人員配置に偏りはない 【点数】偏りはない：1　　偏りがある：0	0
⑤ 非正社員から正社員、一般職から総合職等へ登用する仕組みがあり、登用実績がある 【点数】実績あり：1　　実績なし：0	1
⑥ 評価制度は仕事の効率や成果に応じた透明な制度である 【点数】そのような制度である：1　　そうではない（評価制度がない場合を含む）：0	0
5．小計	2

※雇用管理区分：総合職、一般職、営業職、技術職等、社内の雇用管理上の区分。詳細はP16参照

診断結果：タイプＡ　性別役割分担型

	項目	点数
1	職場の意識改革	6
2	女性のキャリアアップ	2
3	働き方改革	7
4	両立支援	5
5	人事制度	2

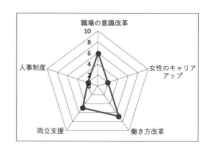

（3）課題分析

※CL➡タイプ別診断チェックリスト

基礎4項目より

・総合職において採用した労働者に占める女性労働者の割合が18％と低い。

・総合職の平均継続勤務年数の男女差が大きい。一方、一般職の女性は男性総合職と比べて大きな差はなく、総合職女性と一般職女性の違いが明らか。

・管理職に占める女性労働者の割合が低い。

タイプ別診断チェックリストより

・5つのポイントでは、女性のキャリアアップと人事制度の点が低く、基礎4項目の結果とも合致する。

・両立支援の点数は特別に低いわけではないが、全体からみると5点と決して高い数字ではなく、課題がないとはいえない。基礎4項目でもある平均継続勤務年数の男女差が70％未満の雇用管理区分があること（CL 4①）、育児休業取得率が70％未満の雇用管理区分があること（CL 4②）から、総合職の女性が入社後出産・育児等

を迎える前に退職している実態があり、管理職に占める女性労働者の割合にも影響していると思われる。

まとめ

　総合職の女性の採用が少なく、早期に退職してしまうため、管理職の資格を満たす女性労働者がほとんどいない。一般職の女性は勤続年数は長いが、雇用管理上昇進範囲が限られており、キャリアアップにはつながっていない。

One Point アドバイス

●人事制度

　女性活躍の大前提として、女性の母数を増やすことが必要です。総合職に占める女性労働者の割合を増やす目標・取り組みを取り入れましょう。

●女性のキャリアアップ

　管理職に占める女性労働者の割合が低いため数値目標もそこに焦点をあてがちですが、総合職の勤続年数が短く人数が少ない現状では、管理職候補となる女性が育っておらず、管理職登用の目標を立てても実現性が低い計画となってしまいます。最初の計画期間では、総合職女性のキャリア意識の醸成とともに、継続就業できるよう両立支援の視点も取り入れ、長期的にキャリアアップするための土台を築くことを念頭に置いた目標や取り組みを考えるとよいでしょう。

（4）行動計画

　今までの状況把握・タイプ分類・課題分析を踏まえたN社の行動計画は、次のとおりです。

株式会社 N　行動計画

1．計画期間

　2020年4月1日〜 2023年3月31日

2．当社の課題

　総合職の女性の採用が少なく、勤続年数が短いため、キャリアアップできていない

3．目標と取組内容・実施時期

目標1：総合職の採用者に占める女性労働者の割合を40%以上にする

〈取組内容〉

- ●2020年4月〜　　女性が満たしにくい採用基準の見直しを検討
- ●2020年4月〜　　大学のキャリアセンターとの連携による女子学生に向けた働きかけの検討・実施
- ●2020年10月〜　女性の採用拡大に向けたインターンシッププログラムの検討
- ●2021年8月〜　　インターンシップ実施

目標2：総合職の男女の平均継続勤務年数の差異を50%にする

〈取組内容〉

- ●2020年4月〜　　自社の両立支援制度に関するリーフレットの作成・配布
- ●2020年4月〜　　継続就業のために必要な労働時間・休暇制度等の検討
- ●2020年11月〜　仕事と家庭の両立も含めたキャリア研修の内容検討および実施

行動計画策定事例2：E社の例

E社の概要

　E社はオンラインゲーム等の企画・開発・サービス提供を業とする会社で、従業員数は約240名。事業は急成長を続けている。全体からみればまだ女性は少ないが、近年は女性の積極採用に努めている。

　女性に力を発揮してもらいたい思いがあり、キャリア研修等を行っているが、育児休業からの復帰後数年で退職してしまう女性も多く、女性のキャリア形成には至っていない。

会社の基本データ

【業種】：情報通信業
【企業規模】：243人
【従業員構成】：男性　181人　　女性　62人
　　≪内訳≫　正社員　　　（男性）170人　　（女性）53人
　　　　　　　契約社員　　（男性）　11人　　（女性）　9人

（1）状況把握（基礎4項目の結果）

採用した労働者	雇用管理区分	採用者数（中途採用含む）			割合（A/B）
		男性	女性（A）	男女計（B）	
	正社員	8人	6人	14人	43%
	契約社員	2人	2人	4人	50%

平均継続勤務年数	雇用管理区分	男性	女性
	正社員	8.6年	5.2年
	契約社員	—（対象者0人）	—（対象者0人）

各月の平均残業時間	月	4月	5月	6月	7月	8月	9月	10月	11月	12月	1月	2月	3月
	時間数（H）	35.2	36.5	34.4	30.2	28.5	29.8	38.5	42.2	46.5	38.5	35.2	34.5

各月の平均残業時間（裁量労働適用者）	月	4月	5月	6月	7月	8月	9月	10月	11月	12月	1月	2月	3月
	時間数（H）	40.5	42	39	43	38.4	37.3	38.2	45.3	46.3	39.7	36.1	36.5

※裁量労働制はPCのログオン・ログオフの時間を把握

課長級以上の役職者	男性	女性（A）	男女計（B）	割合（A/B）
	36人	2人	38人	5%

（2）タイプ別診断

E社チェックリスト結果

1．職場の意識改革	評価記入欄
① 女性活躍推進にトップ（経営陣）の強いコミットがある 【点数】 ある：2　ない：0	0
② 就業規則等にハラスメント禁止の規定を設け、相談窓口を設置している 【点数】 実施している：2　実施していない：0	2
③ お茶くみ等、必要性がないのに女性のみが行っている仕事はない（固定的性別役割分担がない） 【点数】 ない：2　ある：0	2
④ ハラスメント（セクハラ、マタハラ、パワハラ）防止の研修または周知啓発を行っている 【点数】 実施している：1　実施していない：0	1
⑤ 女性にキャリア意識醸成のための研修を行っている 【点数】 実施している：1　実施していない：0	1
⑥ 管理職に対し、女性部下に対する両立支援、育成の意識啓発（研修等）を行っている 【点数】 実施している：1　実施していない：0	1
⑦ 男性の育児参加、育児休業取得を促す取り組みを実施している 【点数】 実施している：1　実施していない：0	1
1．小計	8

2．女性のキャリアアップ	評価記入欄
① 課長以上の管理職の女性比率が20％以上だ 【点数】 20％以上：5　10％以上20％未満：3　10％未満：0	0
② 将来的なキャリアを見据えた研修等の教育訓練を男女区別なく行っている 【点数】 行っている：1　行っていない：0	1
③ 責任は重いが将来のキャリアにつながる仕事を女性にも割り振っている（仕事の割り振りに男女差がない） 【点数】 実施している：1　実施していない：0	1
④ 結婚、出産、育児・介護休業の取得が、昇進・昇格の妨げにならない、またはそのように配慮している 【点数】 実施している：1　実施していない：0	1
⑤ 管理職手前の女性を対象とした管理職養成等を目的とした研修等を行っている 【点数】 実施している：1　実施していない：0	1
⑥ 女性のキャリアアップ（管理職登用等）に向けた積極的な育成を管理職に指導している 【点数】 実施している：1　実施していない：0	1
2．小計	5

3．働き方改革	評価記入欄
① 労働者の各月ごとの平均残業時間数等の労働時間の状況がすべて30時間未満だ 【点数】 すべて30時間未満：4　すべて45時間未満の範囲：3　45時間を超える月があった：0	0
② 年次有給休暇の平均取得率は70％以上だ 【点数】 70％以上：2　50％以上70％未満の範囲：1　50％未満：0	0
③ 在宅勤務制度（またはテレワーク全般）を導入し、恒常的な利用実績がある 【点数】 恒常的な利用実績がある：1　制度を導入していないまたは利用実績がほとんどない：0	1
④ フレックスタイム制等、労働時間を柔軟に運用できる制度を導入している 【点数】 制度を導入している：1　制度を導入していない（対象労働者がいない場合を含む）：0	1
⑤ ノー残業デーや業務の見直し等、時間外労働を減らすための具体的な取り組みを行っている 【点数】 実施している：1　実施していない：0	0
⑥ 年次有給休暇の取得を促進するための具体的な取り組みを行っている 【点数】 実施している：1　実施していない：0	0
3．小計	2

4．両立支援		評価記入欄
①	正社員（雇用管理区分※がある場合は区分ごと）の男女の平均継続勤務年数の差異は70%以上だ 注：平均継続勤務年数の差異＝女性労働者の平均継続勤務年数÷男性労働者の平均継続勤務年数 【点数】70%以上：2　一部70%未満の区分あり：1　70%未満：0	0
②	直近1年の正社員（雇用管理区分※がある場合は区分ごと）の女性の育児休業取得率はすべて70%以上だ 注：育児休業取得率＝育児休業を取得した人数÷出産した人数。対象者がいない場合は70%未満とする 【点数】70%以上：2　一部70%未満の区分あり：1　70%未満：0	2
③	直近3年で7歳未満の子を持つ女性労働者の離職率が1割未満だ 【点数】1割未満：2　1割以上：0　対象者がいない：0	0
④	必要に応じ妊娠中の女性に対して労働時間や健康管理等の配慮を行っている 【点数】実施している：1　実施していない（対象者がいない場合を含む）：0	1
⑤	子の学校行事、急病等に対して対応しやすい職場体制（業務の共有等）を整えている 【点数】実施している：1　実施していない（対象者がいない場合を含む）：0	0
⑥	男性の育児休業または配偶者出産前後の休暇取得の実績がある 【点数】実績あり：1　実績なし：0	1
⑦	育児・介護休業等の両立支援制度を周知する取り組みをしている （例：リーフレット配布、妊娠中の女性に対する個別の説明、研修等での周知） 【点数】実施している：1　実施していない：0	1
	4．小計	4

5．人事制度		評価記入欄
①	正社員（雇用管理区分※がある場合は区分ごと）の採用に占める女性労働者の割合がすべて40%以上だ 【点数】40%以上：3　一部40%未満：1　40%未満：0	3
②	正社員（雇用管理区分※がある場合は区分ごと）における女性労働者の割合は30%以上だ 【点数】30%以上：2　30%未満：0	0
③	正社員（雇用管理区分※がある場合は区分ごと）の勤続年数（入社後5、10年、15年）ごとの男女の賃金差は80%以上だ 注：男女の賃金差＝女性労働者の賃金の平均÷男性労働者の賃金の平均 【点数】80%以上：2　一部または全部80%未満：0	2
④	部門（営業、生産開発、研究開発等）により男女の人員配置に偏りはない 【点数】偏りはない：1　偏りがある：0	0
⑤	非正社員から正社員、一般職から総合職等へ登用する仕組みがあり、登用実績がある 【点数】実績あり：1　実績なし：0	1
⑥	評価制度は仕事の効率や成果に応じた透明な制度である 【点数】そのような制度である：1　そうではない（評価制度がない場合を含む）：0	0
	5．小計	6

※雇用管理区分：総合職、一般職、営業職、技術職等、社内の雇用管理上の区分。詳細はP16参照

診断結果：タイプB　長時間労働型

	項目	点数
1	職場の意識改革	8
2	女性のキャリアアップ	5
3	働き方改革	2
4	両立支援	4
5	人事制度	6

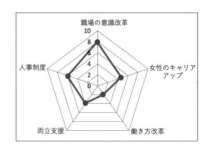

（3）課題分析

※CL➡タイプ別診断チェックリスト

基礎4項目より

・正社員の男女の平均継続勤務年数に差異がある。

・各月の残業時間数が多い。45H（原則的な時間外労働の限度時間）を超えている月がある。

・管理職に占める女性労働者の割合が低い。

タイプ別診断チェックリストより

・5つのポイントでは、働き方改革と両立支援の点が低い。

・働き方改革に関しては、柔軟な働き方の導入は進んでいるものの（CL 3③、④）、平均残業時間が45H超の月があり（CL 3①）、年休取得率も低い（CL 3②）。長時間労働があるために、年休が取得できない状況にあると考えられる。時間外労働を減らす取り組みや年休の取得促進に関する取り組みも行われていない。

・両立支援は、妊娠中の女性への配慮を行ったり（CL 4④）、両立支援制度の周知をする（CL 4⑦）といった取り組みが行われていることもあり、育児休業の取得率が高いが（CL 4②）、男女の平均継続

勤務年数の差異が70％未満であること（CL 4①）、直近3年で7歳未満の子を持つ女性労働者の離職率が1割以上または対象者がいないこと（CL 4③）から、慢性的な長時間労働があるために、女性がキャリアを形成する前に比較的短い勤続年数で退職してしまうことが考えられる。

まとめ

女性のキャリアアップ研修や両立支援の取り組みを行ってはいるものの、長時間労働があるために継続就業が難しかったり、さらに長時間労働になることを懸念して管理職になることを望まない状況があり、キャリアアップ研修等の取り組みの効果が出ない。

One Point アドバイス

●働き方改革

　長時間労働に関しては、各月慢性的に残業があり、平均が４５Ｈを超える月がある等、時間外労働の限度時間を超えており、労働基準法の観点からも対策が急務です。時間外労働を削減するための取り組みを行いましょう。

●両立支援

　育児休業取得率は高いですが、育児休業からの復帰後、まわりが長時間労働であるために継続就業しづらい環境になっていることが考えられます。長時間労働の削減に取り組むとともに、子育て中の短時間勤務者が急に早退しなければならない場合等に備えた業務の共有の仕組み等、必要な職場体制を整えることを検討するとよいでしょう。

（4）行動計画

　今までの状況把握・タイプ分類・課題分析を踏まえたE社の行動計画は、次のとおりです。

株式会社Ｅ　行動計画

1. 計画期間

　　2020年4月1日〜2022年3月31日

2. 当社の重点課題

　　①恒常的な長時間労働がある

　　②子育て期の女性の継続就業が難しく、キャリア形成ができていない

3. 目標と取組内容・実施時期

目標1：各月の平均残業時間を30％削減する

〈取組内容〉

- ●2020年4月〜　ノー残業デーの実施
- ●2020年4月〜　残業の事前申請制の導入
- ●2020年4月〜　社内業務効率化プロジェクトにより具体的に検討を行い、順次施策を実施

目標2：育児休業からの復帰後5年以内の離職を0人にする

〈取組内容〉

- ●2020年4月〜　職場アンケートと育児中の女性社員のヒアリングを実施し、ニーズを把握
- ●2020年4月〜　各職場でワークライフバランスを実現するための業務の共有体制を検討、実施
- ●2020年10月〜　4月に実施したアンケートに基づき必要な仕組みや制度の導入

行動計画策定事例3：K社の例

K社の概要

　K社はイベントの企画・販売制作・運営等を行う会社で、従業員数は約65名。従業員は20代〜30代の年齢層が中心。社長は一代で会社を築いた創業社長で「若いときはとにかく仕事で経験を多く積むことが必要」と常に従業員に説いており、男女で仕事の区別をすることはない。数カ月前に創業以来初めて女性従業員から妊娠の報告と時間外労働の免除の申出があったが、現場からは仕事が回らないと不満が出ている。

会社の基本データ

【業種】：広告業

【企業規模】：65人

【従業員構成】：男性　51人　　女性　14人

　　≪内訳≫　正社員　　　（男性）47人（女性）13人

　　　　　　　契約社員　　　（男性）　4人（女性）　1人

（1）状況把握（基礎4項目の結果）

採用した労働者	雇用管理区分	採用者数（中途採用含む）			割合（A/B）
		男性	女性（A）	男女計（B）	
	正社員	5人	1人	6人	17%
	契約社員	1人	1人	2人	50%

平均継続勤務年数	雇用管理区分	男性	女性
	正社員	6年	4年
	契約社員	―（対象者0人）	―（対象者0人）

各月の平均残業時間	月	4月	5月	6月	7月	8月	9月	10月	11月	12月	1月	2月	3月
	時間数（H）	30.5	28.2	29.2	39.4	45.5	29.8	36.2	42.2	40.1	38.5	34.2	28.5

課長級以上の役職者	男性	女性（A）	男女計（B）	割合（A/B）
	10人	0人	10人	0%

（２）タイプ別診断

K社チェックリスト結果

1．職場の意識改革		評価記入欄
①	女性活躍推進にトップ（経営陣）の強いコミットがある 【点数】　ある：2　　ない：0	0
②	就業規則等にハラスメント禁止の規定を設け、相談窓口を設置している 【点数】　実施している：2　　実施していない：0	0
③	お茶くみ等、必要性がないのに女性のみが行っている仕事はない（固定的性別役割分担がない） 【点数】　ない：2　　ある：0	2
④	ハラスメント（セクハラ、マタハラ、パワハラ）防止の研修または周知啓発を行っている 【点数】　実施している：1　　実施していない：0	0
⑤	女性にキャリア意識醸成のための研修を行っている 【点数】　実施している：1　　実施していない：0	0
⑥	管理職に対し、女性部下に対する両立支援、育成の意識啓発（研修等）を行っている 【点数】　実施している：1　　実施していない：0	0
⑦	男性の育児参加、育児休業取得を促す取り組みを実施している 【点数】　実施している：1　　実施していない：0	0
	1．小計	2

2．女性のキャリアアップ		評価記入欄
①	課長以上の管理職の女性比率が20％以上だ 【点数】　20％以上：5　　10％以上20％未満：3　　10％未満：0	0
②	将来的なキャリアを見据えた研修等の教育訓練を男女区別なく行っている 【点数】　行っている：1　　行っていない：0	1
③	責任は重いが将来のキャリアにつながる仕事を女性にも割り振っている（仕事の割り振りに男女差がない） 【点数】　実施している：1　　実施していない：0	1
④	結婚、出産、育児・介護休業の取得が、昇進・昇格の妨げにならない、またはそのように配慮している 【点数】　実施している：1　　実施していない：0	0
⑤	管理職手前の女性を対象とした管理職養成等を目的とした研修等を行っている 【点数】　実施している：1　　実施していない：0	0
⑥	女性のキャリアアップ（管理職登用等）に向けた積極的な育成を管理職に指導している 【点数】　実施している：1　　実施していない：0	0
	2．小計	2

3．働き方改革		評価記入欄
①	労働者の各月ごとの平均残業時間数等の労働時間の状況がすべて30時間未満だ 【点数】　すべて30時間未満：4　　すべて45時間未満の範囲：3　　45時間を超える月があった：0	0
②	年次有給休暇の平均取得率は70％以上だ 【点数】　70％以上：2　　50％以上70％未満の範囲：1　　50％未満：0	0
③	在宅勤務制度（またはテレワーク全般）を導入し、恒常的な利用実績がある 【点数】　恒常的な利用実績がある：1　　制度を導入していないまたは利用実績がほとんどない：0	0
④	フレックスタイム制等、労働時間を柔軟に運用できる制度を導入している 【点数】　制度を導入している：1　　制度を導入していない（対象労働者がいない場合を含む）：0	0
⑤	ノー残業デーや業務の見直し等、時間外労働を減らすための具体的な取り組みを行っている 【点数】　実施している：1　　実施していない：0	0
⑥	年次有給休暇の取得を促進するための具体的な取り組みを行っている 【点数】　実施している：1　　実施していない：0	0
	3．小計	0

4．両立支援	評価記入欄
① 正社員（雇用管理区分※がある場合は区分ごと）の男女の平均継続勤務年数の差異は70％以上だ 　　注：平均継続勤続年数の差異＝女性労働者の平均継続勤務年数÷男性労働者の平均継続勤務年数 　　【点数】70％以上：2　　一部70％未満の区分あり：1　　70％未満：0	0
② 直近1年の正社員（雇用管理区分※がある場合は区分ごと）の女性の育児休業取得率はすべて70％以上だ 　　注：育児休業取得率＝育児休業を取得した人数÷出産した人数。対象者がいない場合は70％未満とする 　　【点数】70％以上：2　　一部70％未満の区分あり：1　　70％未満：0	0
③ 直近3年で7歳未満の子を持つ女性労働者の離職率が1割未満だ 　　【点数】1割未満：2　　1割以上：0　　対象者がいない：0	0
④ 必要に応じ妊娠中の女性に対して労働時間や健康管理等の配慮を行っている 　　【点数】実施している：1　　実施していない（対象者がいない場合を含む）：0	0
⑤ 子の学校行事、急病等に対して対応しやすい職場体制（業務の共有等）を整えている 　　【点数】実施している：1　　実施していない（対象者がいない場合を含む）：0	0
⑥ 男性の育児休業または配偶者出産前後の休暇取得の実績がある 　　【点数】実績あり：1　　実績なし：0	0
⑦ 育児・介護休業等の両立支援制度を周知する取り組みをしている 　　（例：リーフレット配布、妊娠中の女性に対する個別の説明、研修等での周知） 　　【点数】実施している：1　　実施していない：0	0
4．小計	0

5．人事制度	評価記入欄
① 正社員（雇用管理区分※がある場合は区分ごと）の採用に占める女性労働者の割合がすべて40％以上だ 　　【点数】40％以上：3　　一部40％未満：1　　40％未満：0	0
② 正社員（雇用管理区分※がある場合は区分ごと）における女性労働者の割合は30％以上だ 　　【点数】30％以上：2　　30％未満：0	0
③ 正社員（雇用管理区分※がある場合は区分ごと）の勤続年数（入社後5、10年、15年）ごとの男女の賃金差は80％以上だ 　　注：男女の賃金差＝女性労働者の賃金の平均÷男性労働者の賃金の平均 　　【点数】80％以上：2　　一部または全部80％未満：0	2
④ 部門（営業、生産開発、研究開発等）により男女の人員配置に偏りはない 　　【点数】偏りはない：1　　偏りがある：0	1
⑤ 非正社員から正社員、一般職から総合職等へ登用する仕組みがあり、登用実績がある 　　【点数】実績あり：1　　実績なし：0	0
⑥ 評価制度は仕事の効率や成果に応じた透明な制度である 　　【点数】そのような制度である：1　　そうではない（評価制度がない場合を含む）：0	0
5．小計	3

※雇用管理区分：総合職、一般職、営業職、技術職等、社内の雇用管理上の区分。詳細はP16参照

診断結果：タイプC　消極型

	項目	点数
1	職場の意識改革	2
2	女性のキャリアアップ	2
3	働き方改革	0
4	両立支援	0
5	人事制度	3

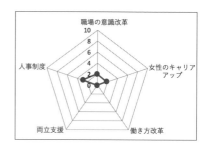

（3）課題分析

※CL➡タイプ別診断チェックリスト

基礎4項目より

・正社員の採用者に占める女性労働者の割合が低い。

・正社員は男女とも平均継続勤務年数が短い傾向があるが、男女間でも差異がある。

・各月の平均残業時間数が多い。45H（原則的な時間外労働の限度時間）を超えている月がある。

・管理職の女性がいない。

タイプ別診断チェックリストより

・5つのポイントでは、すべてのポイントの点が低く課題が多い。

・女性のキャリアアップでは、教育訓練や仕事の内容には差がないが（CL 2②、③）、その他の取り組みはなく、キャリアアップする女性が育っていない（CL 2①）。この背景として、人事制度では採用者に占める女性労働者の割合、正社員に占める女性労働者の割合がいずれも低く（CL 5①、②）、そもそも女性の人数が少ないことのほか、働き方改革において平均残業時間が45H超の月があり（CL 3①）、

年休取得率も低いこと（CL 3②）、両立支援では女性の平均継続勤務年数が短いこと（CL 4①）、職場の意識改革では、法に定めるハラスメント防止措置（※）が講じられていない（CL 1②）等、女性が継続的に就業してキャリアアップする基礎となる職場環境が整っていないことが考えられる。

まとめ

　仕事において男女で異なる扱いはしていないものの、女性の採用そのものが少ないことや、平均残業時間が長いこと等、女性活躍推進をする上での基礎となる環境が整っておらず、女性が継続就業できないため、キャリアアップする女性が育たない。

※男女雇用機会均等法、育児・介護休業法により、セクシュアルハラスメント、マタニティハラスメント（妊娠・出産・育児休業等に関するハラスメント）に関しては、就業規則等への規定をはじめとする相談窓口の設置その他一定の防止措置を講じることが企業に義務付けられています。なお、2020年6月1日（中小企業は2022年4月1日）以降、パワーハラスメントに関しても防止措置を講じることが義務付けられます。
　●中小企業の範囲
業種ごとに資本金の額もしくは、出資の総額または常時使用する労働者数が以下の範囲内である企業
　　＜小売業＞　5,000万円以下または50人以下　＜サービス業＞　5,000万円以下または100人以下
　　＜卸売業＞　1億円以下または100人以下　　＜その他＞　　　3億円以下または300人以下

女性が活躍するための基礎作りが必要です。まずは長時間労働をなくすことと、女性が継続就業できることを目標に、以下のポイントに絞って取り組みを考えましょう。

●働き方改革

　各月慢性的に残業があり、平均が45Hを超える月がある等、労働基準法の観点からも対策が急務です。時間外労働を削減するための取り組みを行いましょう。

●職場の意識改革

　妊産婦の時間外労働の制限は法律に定められた権利（労働基準法66条）であり、この権利を侵害するような言動はマタニティハラスメントに該当します。法律に定められた防止措置を講じるとともに、ハラスメントに関して周知・啓発する研修や勉強会等を実施するとよいでしょう。

　※法律に定めのある事項は目標や取り組み内容とすることはできません。

●両立支援

　妊娠中の女性労働者をきっかけとして、その他の女性も含めた、両立支援に関して利用できる制度の案内ができるようにすることや、相談体制の整備等をするとよいでしょう。

（4）行動計画

　今までの状況把握・タイプ分類・課題分析を踏まえたK社の行動計画は、次のとおりです。

K株式会社　行動計画

1. 計画期間
   2020年4月1日〜 2023年3月31日
2. 当社の重点課題
   ①恒常的な長時間労働がある
   ②男女とも平均継続勤務年数が短く、キャリアアップする人材が育たない

3. 目標と取組内容・実施時期

目標1：すべての月の平均残業時間数を40時間以内とする

〈取組内容〉
- ●2020年4月〜　段階的に労働時間削減目標を定め、部署ごとに業務内容の見直しを行う
- ●2020年9月〜　モバイルワークを導入し、社外からの報告、直帰を可能にする

目標2：年休の取得率を60％以上にする

〈取組内容〉
- ●2020年4月〜　各社員が年休取得計画を作成、計画的にまとまった年休を取得することを奨励する

目標3：男女ともに育児休業の取得率を100％にする

〈取組内容〉
- ●2020年4月〜　自社の両立支援制度についてリーフレットで周知
- ●2020年4月〜　育児休業取得前後の上司、職場のフォロー体制を整備
- ●2020年10月〜　各種ハラスメント研修の実施

行動計画策定事例4：S社の例

S社の概要

　S社は化粧品および健康食品の製造を行う会社であり、従業員数は約190名でその多くが工場スタッフ。工場スタッフに女性を積極採用していることもあり、女性の人数が多く、年齢層も幅広い。社長が子育て支援に力をいれており、地元では女性が働きやすい企業として評判が高い。男性の育児休業取得を奨励しており、取得実績もある。

会社の基本データ

【業種】：化学工業

【企業規模】：193人

【従業員構成】：男性　66人　　女性　127人

　　≪内訳≫　正社員　　　　　（男性）　66人　（女性）　113人

　　　　　　　パートタイマー　（男性）　　0人　（女性）　　14人

（1）状況把握（基礎4項目の結果）

採用した労働者	雇用管理区分	採用者数（中途採用含む）			割合（A/B）
		男性	女性（A）	男女計（B）	
	正社員	3人	4人	7人	57%
	パート	0人	2人	2人	100%

平均継続勤務年数	雇用管理区分	男性	女性
	正社員	12.11年	11.8年
	パート	―（対象者0人）	6年

各月の平均残業時間	月	4月	5月	6月	7月	8月	9月	10月	11月	12月	1月	2月	3月
	時間数（H）	8.5	10.2	11.1	8.4	7.5	8.3	12.2	13.2	15.1	9.1	8.2	8.4

課長級以上の役職者	男性	女性（A）	男女計（B）	割合（A/B）
	42人	2人	44人	5%

（２）タイプ別診断

Ｓ社チェックリスト結果

1．職場の意識改革	評価記入欄
① 女性活躍推進にトップ（経営陣）の強いコミットがある 【点数】 ある：2　ない：0	2
② 就業規則等にハラスメント禁止の規定を設け、相談窓口を設置している 【点数】 実施している：2　実施していない：0	2
③ お茶くみ等、必要性がないのに女性のみが行っている仕事はない（固定的性別役割分担がない） 【点数】 ない：2　ある：0	2
④ ハラスメント（セクハラ、マタハラ、パワハラ）防止の研修または周知啓発を行っている 【点数】 実施している：1　実施していない：0	0
⑤ 女性にキャリア意識醸成のための研修を行っている 【点数】 実施している：1　実施していない：0	0
⑥ 管理職に対し、女性部下に対する両立支援、育成の意識啓発（研修等）を行っている 【点数】 実施している：1　実施していない：0	0
⑦ 男性の育児参加、育児休業取得を促す取り組みを実施している 【点数】 実施している：1　実施していない：0	1
1．小計	7

2．女性のキャリアアップ	評価記入欄
① 課長以上の管理職の女性比率が20％以上だ 【点数】 20％以上：5　10％以上20％未満：3　10％未満：0	0
② 将来的なキャリアを見据えた研修等の教育訓練を男女区別なく行っている 【点数】 行っている：1　行っていない：0	0
③ 責任は重いが将来のキャリアにつながる仕事を女性にも割り振っている（仕事の割り振りに男女差がない） 【点数】 実施している：1　実施していない：0	0
④ 結婚、出産、育児・介護休業の取得が、昇進・昇格の妨げにならない、またはそのように配慮している 【点数】 実施している：1　実施していない：0	0
⑤ 管理職手前の女性を対象とした管理職養成等を目的とした研修等を行っている 【点数】 実施している：1　実施していない：0	0
⑥ 女性のキャリアアップ（管理職登用等）に向けた積極的な育成を管理職に指導している 【点数】 実施している：1　実施していない：0	0
2．小計	0

3．働き方改革	評価記入欄
① 労働者の各月ごとの平均残業時間数等の労働時間の状況がすべて30時間未満だ 【点数】 すべて30時間未満：4　すべて45時間未満の範囲：3　45時間を超える月があった：0	4
② 年次有給休暇の平均取得率は70％以上だ 【点数】 70％以上：2　50％以上70％未満の範囲：1　50％未満：0	2
③ 在宅勤務制度（またはテレワーク全般）を導入し、恒常的な利用実績がある 【点数】 恒常的な利用実績がある：1　制度を導入していないまたは利用実績がほとんどない：0	0
④ フレックスタイム制等、労働時間を柔軟に運用できる制度を導入している 【点数】 制度を導入している：1　制度を導入していない（対象労働者がいない場合を含む）：0	0
⑤ ノー残業デーや業務の見直し等、時間外労働を減らすための具体的な取り組みを行っている 【点数】 実施している：1　実施していない：0	1
⑥ 年次有給休暇の取得を促進するための具体的な取り組みを行っている 【点数】 実施している：1　実施していない：0	1
3．小計	8

4．両立支援	評価記入欄
① 正社員（雇用管理区分※がある場合は区分ごと）の男女の平均継続勤務年数の差異は70%以上だ 　注：平均継続勤務年数の差異＝女性労働者の平均継続勤務年数÷男性労働者の平均継続勤務年数 　【点数】　70%以上：2　　一部70%未満の区分あり：1　　70%未満：0	2
② 直近1年の正社員（雇用管理区分※がある場合は区分ごと）の女性の育児休業取得率はすべて70%以上だ 　注：育児休業取得率＝育児休業を取得した人数÷出産した人数。対象者がいない場合は70%未満とする 　【点数】　70%以上：2　　一部70%未満の区分あり：1　　70%未満：0	2
③ 直近3年で7歳未満の子を持つ女性労働者の離職率が1割未満だ 　【点数】　1割未満：2　　1割以上：0　　対象者がいない：0	2
④ 必要に応じ妊娠中の女性に対して労働時間や健康管理等の配慮を行っている 　【点数】　実施している：1　　実施していない（対象者がいない場合を含む）：0	1
⑤ 子の学校行事、急病等に対して対応しやすい職場体制（業務の共有等）を整えている 　【点数】　実施している：1　　実施していない（対象者がいない場合を含む）：0	1
⑥ 男性の育児休業または配偶者出産前後の休暇取得の実績がある 　【点数】　実績あり：1　　実績なし：0	1
⑦ 育児・介護休業等の両立支援制度を周知する取り組みをしている 　（例：リーフレット配布、妊娠中の女性に対する個別の説明、研修等での周知） 　【点数】　実施している：1　　実施していない：0	0
4．小計	9

5．人事制度	評価記入欄
① 正社員（雇用管理区分※がある場合は区分ごと）の採用に占める女性労働者の割合がすべて40%以上だ 　【点数】　40%以上：3　　一部40%未満：1　　40%未満：0	3
② 正社員（雇用管理区分※がある場合は区分ごと）における女性労働者の割合は30%以上だ 　【点数】　30%以上：2　　30%未満：0	2
③ 正社員（雇用管理区分※がある場合は区分ごと）の勤続年数（入社後5、10年、15年）ごとの男女の賃金差は80%以上だ 　注：男女の賃金差＝女性労働者の賃金の平均÷男性労働者の賃金の平均 　【点数】　80%以上：2　　一部または全部80%未満：0	0
④ 部門（営業、生産開発、研究開発等）により男女の人員配置に偏りはない 　【点数】　偏りはない：1　　偏りがある：0	1
⑤ 非正員から正社員、一般職から総合職等へ登用する仕組みがあり、登用実績がある 　【点数】　実績あり：1　　実績なし：0	1
⑥ 評価制度は仕事の効率や成果に応じた透明な制度である 　【点数】　そのような制度である：1　　そうではない（評価制度がない場合を含む）：0	0
5．小計	7

※雇用管理区分：総合職、一般職、営業職、技術職等、社内の雇用管理上の区分。詳細はP16参照

181

診断結果：タイプD　キャリア形成不足型

	項目	点数
1	職場の意識改革	7
2	女性のキャリアアップ	0
3	働き方改革	8
4	両立支援	9
5	人事制度	7

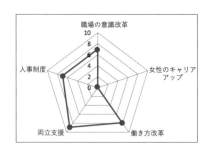

（3）課題分析

※CL➡タイプ別診断チェックリスト

基礎4項目より

・管理職に占める女性労働者の割合が低い。

タイプ別診断チェックリストより

・5つのポイントでは、女性のキャリアアップの点が低い。

・採用、従業員全体いずれも女性が占める割合が高い（ＣＬ5①、②）。育児休業取得率も高く（ＣＬ4②）、両立支援のための環境が整っている（ＣＬ4④、⑤）。男性の育児参加の取り組みを行ったり（ＣＬ1⑦）、取得実績もある（ＣＬ4⑥）等、子育て支援の環境は整っているが、女性のキャリアアップに関しては、男女区別ない教育訓練や仕事の割り振り（ＣＬ2②、③）、キャリアアップに向けた育成（ＣＬ2⑤、⑥）等、キャリア形成のための取り組みがいずれも行われていない。

まとめ

　両立支援の環境が整っているため継続就業はできているが、業務上の男女区別ない扱いや女性の育成等、女性のキャリア形成のための取り組みが行われていないため、管理職となる女性労働者が少ないことが考えられる。

One Point アドバイス

　女性の力をさらに活かすために、女性のキャリアアップのための目標・取り組みを行いましょう。また、女性にキャリアアップする意識をもってもらうために、職場の意識改革の取り組みも取り入れるとよいでしょう。

●女性のキャリアアップ

　管理職や女性を対象とした、管理職候補となる女性の積極的な育成のための取り組みを取り入れましょう。

●職場の意識改革

　女性および管理職にキャリアアップの意識をもってもらうために、個別面談や研修等の取り組みを行うことが考えられます。

（4）行動計画

　今までの状況把握・タイプ分類・課題分析を踏まえたＳ社の行動計画は、次のとおりです。

Ｓ株式会社　行動計画

1. 計画期間
   2020年4月1日～2023年3月31日
2. 当社の重点課題
   管理職に占める女性労働者の割合が低い（5％）

3. 目標と取組内容・実施時期

目標：管理職に占める女性労働者の割合を10％以上にする

〈取組内容〉
- ●2020年4月～　社長より女性活躍推進の方針についてトップメッセージを発する
- ●2020年4月～　管理職に向け女性の育成に向けた方針等について周知
- ●2020年5月～　社員、パートタイマー全員について、キャリア面談を実施
- ●2020年10月～　面談でキャリアアップを目指すことになった者に対し、管理職候補として育成研修を実施
- ●2020年10月～　育成研修を実施した者に対し、段階的に職域を拡大する（OJT）
- ●2021年4月～　管理職登用の実施

MEMO

行動計画策定事例5：G社の例

G社の概要

　G社は衣料品や雑貨のネット通信販売を営む会社で、従業員数は約290名。女性向けの商品を多く扱っていることもあり、男性従業員よりも女性従業員のほうが多い。従業員の平均年齢は男性が35才、女性が38才とやや女性のほうが平均年齢が高い。社員に総合職や一般職といった区分はなく、仕事に男女の差はない。女性の育児休業取得率は100％。パートタイマーから社員への登用も積極的に行っている。

会社の基本データ

【業種】：卸売・小売業

【企業規模】：292人

【従業員構成】：男性　101人　　女性　191人

　　≪内訳≫　正社員　　　　　（男性）101人　（女性）182人

　　　　　　　パートタイマー　（男性）　0人　（女性）　9人

（1）状況把握（基礎4項目の結果）

採用した労働者	雇用管理区分	採用者数（中途採用含む）			割合（A/B）
		男性	女性（A）	男女計（B）	
	正社員	5人	6人	11人	55%
	パート	0人	1人	1人	100%

平均継続勤務年数	雇用管理区分	男性	女性
	正社員	10.8年	11.3年
	パート	―（対象者0人）	―（対象者0人）

各月の平均残業時間	月	4月	5月	6月	7月	8月	9月	10月	11月	12月	1月	2月	3月
	時間数（H）	13.2	12.2	14.3	10.5	11.2	14.5	15.6	14.4	16.2	10.1	13.2	11.4

課長級以上の役職者	男性	女性（A）	男女計（B）	割合（A/B）
	52人	21人	73人	29%

（2）タイプ別診断

G社チェックリスト結果

1. 職場の意識改革	評価記入欄
① 女性活躍推進にトップ（経営陣）の強いコミットがある 【点数】 ある：2　　ない：0	2
② 就業規則等にハラスメント禁止の規定を設け、相談窓口を設置している 【点数】 実施している：2　　実施していない：0	2
③ お茶くみ等、必要性がないのに女性のみが行っている仕事はない（固定的性別役割分担がない） 【点数】 ない：2　　ある：0	2
④ ハラスメント（セクハラ、マタハラ、パワハラ）防止の研修または周知啓発を行っている 【点数】 実施している：1　　実施していない：0	1
⑤ 女性にキャリア意識醸成のための研修を行っている 【点数】 実施している：1　　実施していない：0	0
⑥ 管理職に対し、女性部下に対する両立支援、育成の意識啓発（研修等）を行っている 【点数】 実施している：1　　実施していない：0	0
⑦ 男性の育児参加、育児休業取得を促す取り組みを実施している 【点数】 実施している：1　　実施していない：0	1
1．小計	8

2. 女性のキャリアアップ	評価記入欄
① 課長以上の管理職の女性比率が20％以上だ 【点数】 20％以上：5　　10％以上20％未満：3　　10％未満：0	5
② 将来的なキャリアを見据えた研修等の教育訓練を男女区別なく行っている 【点数】 行っている：1　　行っていない：0	1
③ 責任は重いが将来のキャリアにつながる仕事を女性にも割り振っている（仕事の割り振りに男女差がない） 【点数】 実施している：1　　実施していない：0	1
④ 結婚、出産、育児・介護休業の取得が、昇進・昇格の妨げにならない、またはそのように配慮している 【点数】 実施している：1　　実施していない：0	1
⑤ 管理職手前の女性を対象とした管理職養成等を目的とした研修等を行っている 【点数】 実施している：1　　実施していない：0	0
⑥ 女性のキャリアアップ（管理職登用等）に向けた積極的な育成を管理職に指導している 【点数】 実施している：1　　実施していない：0	0
2．小計	8

3. 働き方改革	評価記入欄
① 労働者の各月ごとの平均残業時間数等の労働時間の状況がすべて30時間未満だ 【点数】 すべて30時間未満：4　　すべて45時間未満の範囲：3　　45時間を超える月があった：0	4
② 年次有給休暇の平均取得率は70％以上だ 【点数】 70％以上：2　　50％以上70％未満の範囲：1　　50％未満：0	1
③ 在宅勤務制度（またはテレワーク全般）を導入し、恒常的な利用実績がある 【点数】 恒常的な利用実績がある：1　　制度を導入していないまたは利用実績がほとんどない：0	1
④ フレックスタイム制等、労働時間を柔軟に運用できる制度を導入している 【点数】 制度を導入している：1　　制度を導入していない（対象労働者がいない場合を含む）：0	1
⑤ ノー残業デーや業務の見直し等、時間外労働を減らすための具体的な取り組みを行っている 【点数】 実施している：1　　実施していない：0	1
⑥ 年次有給休暇の取得を促進するための具体的な取り組みを行っている 【点数】 実施している：1　　実施していない：0	1
3．小計	9

4．両立支援		評価記入欄
①	正社員（雇用管理区分※がある場合は区分ごと）の男女の平均継続勤務年数の差異は70%以上だ 　注：平均継続勤務年数の差異＝女性労働者の平均継続勤務年数÷男性労働者の平均継続勤務年数 　【点数】　70%以上：2　　一部70%未満の区分あり：1　　70%未満：0	2
②	直近1年の正社員（雇用管理区分※がある場合は区分ごと）の女性の育児休業取得率はすべて70%以上だ 　注：育児休業取得率＝育児休業を取得した人数÷出産した人数。対象者がいない場合は70%未満とする 　【点数】　70%以上：2　　一部70%未満の区分あり：1　　70%未満：0	2
③	直近3年で7歳未満の子を持つ女性労働者の離職率が1割未満だ 　【点数】　1割未満：2　　1割以上：0　　対象者がいない：0	2
④	必要に応じ妊娠中の女性に対して労働時間や健康管理等の配慮を行っている 　【点数】　実施している：1　　実施していない（対象者がいない場合を含む）：0	1
⑤	子の学校行事、急病等に対して対応しやすい職場体制（業務の共有等）を整えている 　【点数】　実施している：1　　実施していない（対象者がいない場合を含む）：0	1
⑥	男性の育児休業または配偶者出産前後の休暇取得の実績がある 　【点数】　実績あり：1　　実績なし：0	0
⑦	育児・介護休業等の両立支援制度を周知する取り組みをしている 　（例：リーフレット配布、妊娠中の女性に対する個別の説明、研修等での周知） 　【点数】　実施している：1　　実施していない：0	1
	4．小計	9

5．人事制度		評価記入欄
①	正社員（雇用管理区分※がある場合は区分ごと）の採用に占める女性労働者の割合がすべて40%以上だ 　【点数】　40%以上：3　　一部40%未満：1　　40%未満：0	3
②	正社員（雇用管理区分※がある場合は区分ごと）における女性労働者の割合は30%以上だ 　【点数】　30%以上：2　　30%未満：0	2
③	正社員（雇用管理区分※がある場合は区分ごと）の勤続年数（入社後5、10年、15年）ごとの男女の賃金差は80%以上だ 　注：男女の賃金差＝女性労働者の賃金の平均÷男性労働者の賃金の平均 　【点数】　80%以上：2　　一部または全部80%未満：0	0
④	部門（営業、生産開発、研究開発等）により男女の人員配置に偏りはない 　【点数】　偏りはない：1　　偏りがある：0	1
⑤	非正社員から正社員、一般職から総合職等へ登用する仕組みがあり、登用実績がある 　【点数】　実績あり：1　　実績なし：0	1
⑥	評価制度は仕事の効率や成果に応じた透明な制度である 　【点数】　そのような制度である：1　　そうではない（評価制度がない場合を含む）：0	0
	5．小計	7

※雇用管理区分：総合職、一般職、営業職、技術職等、社内の雇用管理上の区分。詳細はP16参照

診断結果：タイプE　バランス型

	項目	点数
1	職場の意識改革	8
2	女性のキャリアアップ	8
3	働き方改革	9
4	両立支援	9
5	人事制度	7

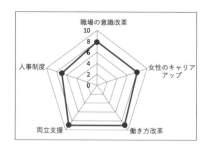

（3）課題分析

※CL➡タイプ別診断チェックリスト

基礎4項目より

・基礎4項目は特に問題のあるデータはないが、女性従業員が男性従業員より多いにもかかわらず、管理職に占める女性労働者の割合は20％台に留まっている。

タイプ別診断チェックリストより

・5つのポイントは全体的に点が高く、バランスの良い5角形となる。
・すべてのポイントにおいて点数が高いが、人事制度の点数が7点に留まっている。内容をみると、入社後5年、10年、15年ごとの男女の賃金差が80％未満の部分があること（CL 5③）から、キャリアアップが途中でストップしている女性がいることが考えられる。

まとめ

　5つのポイントはバランスが取れており、女性が活躍している会社といえるが、女性従業員の全体に占める割合が高いにもかかわらず管理職の女性の割合が少ない。

> **One Point アドバイス**
>
> 　現在も女性が活躍していますが、女性の管理職割合が全体に占める女性労働者の割合に比して低いので、本来は課長級、または部長級の女性がキャリアアップできていない現状がないか確認しましょう。
>
> 　なお、えるぼし認定やプラチナえるぼし認定を受けていない場合は、認定基準を満たすことを想定した目標を立てるのもよいでしょう。
>
> ●女性のキャリアアップ
>
> 　管理職や女性を対象とした、管理職候補となる女性の積極的な育成のための取り組みをしましょう。

（4）行動計画

　今までの状況把握・タイプ分類・課題分析を踏まえたG社の行動計画は、次のとおりです。

G株式会社　行動計画

1．計画期間

　　2020年4月1日〜2023年3月31日

2．当社の重点課題

　　女性従業員が全体に占める割合に比して女性管理職の割合が少ない

3．目標と取組内容・実施時期

目標1：女性管理職の割合を40％にする

〈取組内容〉

- ●2020年4月〜　　昇進・昇格基準見直しの検討・実施
- ●2020年10月〜　新たに管理職の資格を満たす者について管理職候補として育成研修を実施
- ●2021年4月〜　　管理職登用の実施

目標2：部長職に占める女性の割合を10％以上にする

〈取組内容〉

- ●2020年4月〜　　社内メンター制度実施に向けて、メンターの選出、研修を実施
- ●2020年10月〜　部長候補者を対象にメンター制度を実施
- ●2021年4月〜　　順次部長職への登用の実施

行動計画策定事例6：F社の例

F社の概要

　F社は大手製造業の子会社で、従業員数は約100名。親会社からの出向者が多く、管理職はほとんど出向者が占めている。女性は勤続年数が比較的長く、平均年齢は42歳で、子育て中の女性労働者は少ない。社員に総合職や一般職といった区分は特にないが、女性はほとんどが間接部門で働いている。

会社の基本データ

【業種】：卸売・小売業
【企業規模】：102人
【従業員構成】：男性　68人　　女性　34人
　　≪内訳≫　正社員　　　　（男性）68人（女性）31人
　　　　　　　パートタイマー（男性）　0人（女性）　3人

（1）状況把握（基礎4項目の結果）

採用した労働者	雇用管理区分	採用者数（中途採用含む）			割合（A/B）
		男性	女性（A）	男女計（B）	
	正社員	1人	1人	2人	50%
	パート	0人	0人	0人	―

平均継続勤務年数	雇用管理区分	男性	女性
	正社員	9.6年	7.4年
	パート	―（対象者0人）	5.5年

各月の平均残業時間	月	4月	5月	6月	7月	8月	9月	10月	11月	12月	1月	2月	3月
	時間数（H）	22.5	20.3	18.2	19.5	17.3	18.4	19.2	23.3	25.5	20.2	19.3	26.1

課長級以上の役職者	男性	女性（A）	男女計（B）	割合（A/B）
	5人	0人	5人	0%

（2）タイプ別診断

F社チェックリスト結果

1．職場の意識改革	評価記入欄
① 女性活躍推進にトップ（経営陣）の強いコミットがある 【点数】 ある：2　ない：0	0
② 就業規則等にハラスメント禁止の規定を設け、相談窓口を設置している 【点数】 実施している：2　実施していない：0	2
③ お茶くみ等、必要性がないのに女性のみが行っている仕事はない（固定的性別役割分担がない） 【点数】 ない：2　ある：0	2
④ ハラスメント（セクハラ、マタハラ、パワハラ）防止の研修または周知啓発を行っている 【点数】 実施している：1　実施していない：0	1
⑤ 女性にキャリア意識醸成のための研修を行っている 【点数】 実施している：1　実施していない：0	0
⑥ 管理職に対し、女性部下に対する両立支援、育成の意識啓発（研修等）を行っている 【点数】 実施している：1　実施していない：0	0
⑦ 男性の育児参加、育児休業取得を促す取り組みを実施している 【点数】 実施している：1　実施していない：0	0
1．小計	5

2．女性のキャリアアップ	評価記入欄
① 課長以上の管理職の女性比率が20％以上だ 【点数】 20％以上：5　10％以上20％未満：3　10％未満：0	0
② 将来的なキャリアを見据えた研修等の教育訓練を男女区別なく行っている 【点数】 行っている：1　行っていない：0	1
③ 責任は重いが将来のキャリアにつながる仕事を女性にも割り振っている（仕事の割り振りに男女差がない） 【点数】 実施している：1　実施していない：0	0
④ 結婚、出産、育児・介護休業の取得が、昇進・昇格の妨げにならない、またはそのように配慮している 【点数】 実施している：1　実施していない：0	0
⑤ 管理職手前の女性を対象とした管理職養成等を目的とした研修等を行っている 【点数】 実施している：1　実施していない：0	0
⑥ 女性のキャリアアップ（管理職登用等）に向けた積極的な育成を管理職に指導している 【点数】 実施している：1　実施していない：0	0
2．小計	1

3．働き方改革	評価記入欄
① 労働者の各月ごとの平均残業時間数等の労働時間の状況がすべて30時間未満だ 【点数】 すべて30時間未満：4　すべて45時間未満の範囲：3　45時間を超える月があった：0	4
② 年次有給休暇の平均取得率は70％以上だ 【点数】 70％以上：2　50％以上70％未満の範囲：1　50％未満：0	1
③ 在宅勤務制度（またはテレワーク全般）を導入し、恒常的な利用実績がある 【点数】 恒常的な利用実績がある：1　制度を導入していないまたは利用実績がほとんどない：0	1
④ フレックスタイム制等、労働時間を柔軟に運用できる制度を導入している 【点数】 制度を導入している：1　制度を導入していない（対象労働者がいない場合を含む）：0	0
⑤ ノー残業デーや業務の見直し等、時間外労働を減らすための具体的な取り組みを行っている 【点数】 実施している：1　実施していない：0	0
⑥ 年次有給休暇の取得を促進するための具体的な取り組みを行っている 【点数】 実施している：1　実施していない：0	1
3．小計	7

4．両立支援		評価記入欄
①	正社員（雇用管理区分※がある場合は区分ごと）の男女の平均継続勤務年数の差異は70％以上だ 注：平均継続勤務年数の差異＝女性労働者の平均継続勤務年数÷男性労働者の平均継続勤務年数 【点数】 70％以上：2　　一部70％未満の区分あり：1　　70％未満：0	2
②	直近1年の正社員（雇用管理区分※がある場合は区分ごと）の女性の育児休業取得率はすべて70％以上だ 注：育児休業取得率＝育児休業を取得した人数÷出産した人数。対象者がいない場合は70％未満とする 【点数】 70％以上：2　　一部70％未満の区分あり：1　　70％未満：0	0
③	直近3年で7歳未満の子を持つ女性労働者の離職率が1割未満だ 【点数】 1割未満：2　　1割以上：0　　対象者がいない：0	0
④	必要に応じ妊娠中の女性に対して労働時間や健康管理等の配慮を行っている 【点数】 実施している：1　　実施していない（対象者がいない場合を含む）：0	0
⑤	子の学校行事、急病等に対して対応しやすい職場体制（業務の共有等）を整えている 【点数】 実施している：1　　実施していない（対象者がいない場合を含む）：0	0
⑥	男性の育児休業または配偶者出産前後の休暇取得の実績がある 【点数】 実績あり：1　　実績なし：0	0
⑦	育児・介護休業等の両立支援制度を周知する取り組みをしている （例：リーフレット配布、妊娠中の女性に対する個別の説明、研修での周知） 【点数】 実施している：1　　実施していない：0	0
	4．小計	2

5．人事制度		評価記入欄
①	正社員（雇用管理区分※がある場合は区分ごと）の採用に占める女性労働者の割合がすべて40％以上だ 【点数】 40％以上：3　　一部40％未満：1　　40％未満：0	3
②	正社員（雇用管理区分※がある場合は区分ごと）における女性労働者の割合は30％以上だ 【点数】 30％以上：2　　30％未満：0	2
③	正社員（雇用管理区分※がある場合は区分ごと）の勤続年数（入社後5、10年、15年）ごとの男女の賃金差は80％以上だ 注：男女の賃金差＝女性労働者の賃金の平均÷男性労働者の賃金の平均 【点数】 80％以上：2　　一部または全部80％未満：0	0
④	部門（営業、生産開発、研究開発等）により男女の人員配置に偏りはない 【点数】 偏りはない：1　　偏りがある：0	0
⑤	非正社員から正社員、一般職から総合職等へ登用する仕組みがあり、登用実績がある 【点数】 実績あり：1　　実績なし：0	0
⑥	評価制度は仕事の効率や成果に応じた透明な制度である 【点数】 そのような制度である：1　　そうではない（評価制度がない場合を含む）：0	0
	5．小計	5

※雇用管理区分：総合職、一般職、営業職、技術職等、社内の雇用管理上の区分。詳細はP16参照

診断結果：その他

	項目	点数
1	職場の意識改革	5
2	女性のキャリアアップ	1
3	働き方改革	7
4	両立支援	2
5	人事制度	5

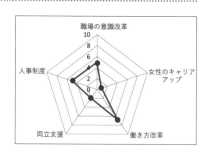

（3）課題分析

※CL➡タイプ別診断チェックリスト

基礎4項目より

・基礎4項目では管理職に占める女性労働者の割合が少ない。

タイプ別診断チェックリストより

・5つのポイントは女性のキャリアアップと両立支援の点が低い。

・女性のキャリアアップでは、管理職の割合が低く（CL 2①）、その他の取り組みに関しても教育訓練以外はほとんど行われていない（CL 2③～⑥）。また、部門により男女の人員配置に偏りがある（CL 5④）等、職場に性別役割分担意識があることが考えられる。両立支援については平均継続勤務年数は男女で大きな差異はない（CL 4①）が、仕事と家庭の両立支援に関する取り組み等は行われていない（CL 4④～⑦）。これについては育児中の労働者がいないためと考えられる（CL 4②～③）。

まとめ

・女性労働者の割合や勤続年数は男女で差異がないが、男女で配置に偏りがあることや、キャリアアップの取り組みが行われていないことから、女性の仕事上の役割が固定的で、キャリアアップできていないことが考えられる。

One Point アドバイス

　5つのポイントでは女性のキャリアアップと両立支援に課題がありましたが、両立支援に関しては子育て世代の対象者がいないと考えられ、関連制度を整える必要性が高くありません。まずは女性のキャリアアップのための取り組みを行いましょう。また、管理職がこれまでいなかったことから、女性の意識改革も必要となります。職場の意識改革に関する取り組みも取り入れるとよいでしょう。

●女性のキャリアアップ

　管理職候補となる女性の積極的な育成のための取り組みを取り入れましょう。

●職場の意識改革

　女性を対象とした、上司とのキャリア面談やキャリア意識醸成のための研修を行うとよいでしょう。

（4）行動計画

　今までの状況把握・タイプ分類・課題分析を踏まえたＦ社の行動計画は、次のとおりです。

株式会社Ｆ　行動計画

1．計画期間
　　2020年4月1日〜2023年3月31日
2．当社の重点課題
　　女性がキャリアアップできておらず、女性の管理職がいない

3．目標と取組内容・実施時期

目標：女性管理職を1名以上登用する

〈取組内容〉
- ●2020年4月〜　　女性の活躍推進について社長がトップメッセージを発する
- ●2020年5月〜　　管理職に対し、女性社員の育成方針等について説明
- ●2020年6月〜　　管理職と女性社員のキャリア面談を実施し、育成支援対象者を決定
- ●2020年10月〜　育成支援対象者に対しキャリア意識醸成の研修を実施
- ●2020年11月〜　育成支援対象者に対しOJTを中心とした育成プログラムを実施
- ●2021年4月〜　　順次主任、係長、課長等への登用を実施

MEMO

【著者プロフィール】

島　麻衣子

社会保険労務士法人ヒューマンテック経営研究所　法人社員（役員）、
株式会社ヒューマンテック経営研究所　取締役、
特定社会保険労務士、キャリアコンサルタント、産業カウンセラー。

　慶應義塾大学文学部卒。全日本空輸株式会社（ANA）入社、国際線客室乗務員として勤務。出産を機に退職後、1996年社会保険労務士資格を取得し、その後、大手社労士法人に15年間在職。2012年1月に独立し、「社会保険労務士島　麻衣子事務所」開業。6年3ヵ月にわたり同事務所代表を務める。2018年4月ヒューマンテック経営研究所に事務所統合し、同所入所。人事労務相談、就業規則作成・改定のほか、女性活躍推進、ワーク・ライフ・バランス、ハラスメント問題等に関するコンサルティング、各種セミナー、専門誌等への執筆を行う。

　主な著書に『ケーススタディ　労働時間、休日・休暇』（第一法規加除式・編集委員、執筆者）、『ビルメンテナンス業における労務管理マニュアル』（公益財団法人東京ビルメンテナンス協会・共著）、『平成15年版社会・労働保険のあらまし』（労働調査会・共著）がある。また、専門誌『月刊人事労務実務のQ&A』（日本労務研究会）にて「女性が活躍する会社づくりの実務」、『季刊ろうさい』（労災保険情報センター）で「労務管理講座」を連載中。2017年度〜2019年度「東京都女性活躍加速化事業」講師。その他研修実績多数。

サービス・インフォメーション

――――通話無料――――

① 商品に関するご照会・お申込みのご依頼
　　　　TEL 0120(203)694／FAX 0120(302)640
② ご住所・ご名義等各種変更のご連絡
　　　　TEL 0120(203)696／FAX 0120(202)974
③ 請求・お支払いに関するご照会・ご要望
　　　　TEL 0120(203)695／FAX 0120(202)973

● フリーダイヤル（TEL）の受付時間は、土・日・祝日を除く
　9：00～17：30です。
● FAXは24時間受け付けておりますので、あわせてご利用ください。

中小企業がイキイキ輝く！
女性活躍推進法一般事業主行動計画
課題別策定ガイド

2020年3月20日　初版発行

著　者　　島　麻衣子

発行者　　田　中　英　弥

発行所　　第一法規株式会社
　　　　　〒107-8560　東京都港区南青山2-11-17
　　　　　ホームページ　https://www.daiichihoki.co.jp/

中小女性活躍　ISBN 978-4-474-06928-2　C2032　(6)